JN438527

바람 속의 역사

신아출판사

머리글

오늘은 우리나라 전형적인 봄 날씨다.

죽음이 무엇인가를 처절하게 겪어서인지 쾌청한 날씨가 아니라 해도 이 하루가 얼마나 소중한가 느껴진다.

벌써 8권의 책을 발간한다는 것 자체가 내 졸필의 모순을 드러내는 것 같아 머리가 숙여진다.

칼럼은 세상살이에 대해 옳고 그름의 비판적 시각에서 본 내용들이 들어있어 독자에 따라서는 역으로 나 자신에 대한 비판이 있을 수도 있으리라는 생각도 든다. 그러나 신문에 발표한 글인지라 언론이라는 매체의 특성상 어쩔 수 없는 사정을 감안해주었으면 한다.

또한 수필도 그저 보고 느낀 환경과 사물에 대해 소견을 적어보았을 뿐이다. 그래서 잡다한 글들이라 '산문집'으로 묶었다. 필자는 본래 신문기자 출신이어서 글쓰기를 좋아하다 보니 자연스레 장르에 구분 없이 쓴 것을 모아 발간하게 된 것이다.

앞으로 더욱 글쓰기에 정진하여 독자 여러분들에게 잘 읽힐 수 있는 글이 되도록 최선의 노력을 다할 것이다.

2014. 4. 16.

청암靑巖방에서 저자

차례

2부 | 바르게 살자

3부 | 해당화가 그립습니다

4부 | 대한민국 팔자

5부 | 탕평론에 희생되는 전북

■ 작품 해설

1부
이글거리는 태양

이글거리는 태양처럼

이글거리며 떠오르는 동녘의 태양은 지구촌 인류에 희망을 주었다.

평화의 실크로드에서 자유와 빵과 인권이 살아 숨 쉬는 산 자들의 한마당 잔치를 베풀 태양을 안고 걸어갈 새해 아침을 맞았다.

지구촌 70억 인구 중 한반도의 7천만 우리 민족과 170만 전북 도민, 27만 군산시 인구 모두는 천부의 자유와 인권을 누리는 사회를 꿈꾸며 해맞이에 나섰다.

2013년 계사년을 돌이켜보고 싶지 않은 질곡의 역사를 뒤로한 2014년 갑오년은 빵보다 더 소중한 자유를 구가하며 빵을 찾는 희망의 한 해가 되기를 모두는 바라고 또 바라는 마음들로 가득할 것이다.

자연의 섭리에 따라 물은 높은 곳에서 낮은 곳으로 흐르듯 사람이 살아가는 데는 순리에 벗어나지 않고 사물의 근본이 되는 원형이정元亨利貞을 바라며 인생여정을 수놓을 것이다.

그러나 인간살이가 꼭 그렇게만 되는 것은 결코 아니기 때문에 희망에 그치는 경우가 허다하다.

그러면서도 우리 민족은 홍익인간임을 자임하며 태어났기에 21세기라는 첨단사회를 구가하며 역사를 진화시키고 있는 게 현실이다.

도도히 흐르는 물결 같은 인류는 사회구조와 구성요건이 다변화하는 양상 속에서 어제를 살았고 오늘을 살며 희망의 내일을 꿈꾸는 빙판길을 달리고 있다.

들녘의 잡초처럼 살아가는 민초들이 있는가 하면 부귀영화를 누리는 온실 속의 꽃처럼 살아가는 사람들이 있어 빈부의 격차를 실감하고 있다. 이러한 사회현상에 대해 상당수 국민들이 '안녕하지 못하다.'고 꼬집어 말하는 현상을 우리는 보고 있다.

대학교수신문이 2013년을 가리켜 도행역시倒行逆施라는 사자성어를 내놓았다. 이 말은 '순리를 거슬러 행동한다.'는 말이다.

이 말대로라면 지난 한 해는 '순리에 역행한 한 해로 정리가 된다.'는 설명이다.

2013년은 옛날로 회귀하는 역사를 기록하고 있다.

그 역사를 되짚어본다면 1948년 대한민국 정부수립 이후 4·19혁명으로 자유당 정권 몰락, 5·16군사혁명으로 민주당정권 중도하차, 박정희 공화당정권 수립, 유신헌법정권, 전두환정권, 노태우정권 등으로 이어져 5·16이후부터 노태우정권까지는 사실상 군인정권으로 설명될 것이다.

이러한 과정에 국민들의 뇌리에서 떠나지 않는 역사적 오점들이 상기되는 한 해가 2013년이라는 '도행역시'의 고사성어로 교수신문은 대변하고 있다.

전국의 대학교수들이 제안한 몇 가지 샘플로 나온 사자성어를 투표한 결과 '도행역시'가 선정되었다.

지금 우리 국민은 2014년만은 '도행역시'가 아닌 민주주의가 살아 숨 쉬고 자유와 빵을 먹을 수 있는 사회를 간곡히 바라는 심정들일 것이다.

또한 국민들은 진정 갑오년의 '청마靑馬'가 가장 자유스러운 마음으로 광야를 달리는 모습을 연상할 것이다.

국정의 최고 통수권자인 대통령이나 지방의 도지사, 시장, 군수 등 단체장들이 어떤 마음으로 어떤 정책을 수립해서 국민과 지역 주민들을 위한 봉사를 할 것인가를 가름하는 선거가 오는 6월 4일에 실시된다.

2014년은 6·4 지방선거가 금년 한 해를 장식할 것으로 전망된다.

우리나라 정치 판도가 새판 짜기가 될 것으로 보여지기 때문이다.

그만큼 단순한 지방선거가 아니다. 국정운영은 물론, 나라의 정치적 운명과도 무관치 않음을 국민들은 깊이 인식해야 하는 선거임을 직시해야 할 것으로 보인다.

그런 관점에서 살펴본다면 군산시의 유권자들은 도지사, 교육감, 도의원, 시장, 시의원 등 5명씩 투표를 해야 한다.

특히 도지사, 시장은 연륜과 함께 장년층이 갖는 패기와 믿음, 그리고 거짓말을 하지 않는 바른 도덕성, '불통'이 아닌 '소통'의 의식이 강한 후보자를 선택해야 전북과 군산이 희망을 안고 나아갈 것이다.

우리는 경제대통령 만들기에 열정을 쏟았으나 속고 말았으며 두 번씩이나 단체장을 뽑아냈지만 발전의 축은 찾아보기 힘들고 먹고 사는 데 허리띠를 더욱 졸라매야 하는 형상이고 보면 더 이상은 생각할 여지가 없음을 반증한 것이나 다름없다.

후회 없는 선거는 희망의 새해 아침을 다짐하는 과제로 떠오른다.

(2014. 1. 1.)

민족의 대이동… 즐거운 '설' 맞자

새해가 시작되는 정월 초하루. 우리는 이날을 '설날'이라고 한다.

민족의 대이동이라는 '설날'을 맞아 부모 형제, 일가친척들이 모여 그동안의 안부를 묻고 아름다운 말만이 있어야 할 자리다. 그러나 하찮은 일부터 시작하여 재산에 이르기까지 높아지는 언성은 몸싸움으로까지 발전하여 모처럼의 만남이 안 만난 것보다 못하는 결과를 가져오는 경우가 종종 있다. 이런 일은 어느 누구도 바람직하게 생각하지 않을 것이다. '세상에 그런 일이 있느냐'며 눈살을 찌푸릴 것임에 틀림없다.

'설'은 음력으로 한 해를 시작하는 최초의 명절이라는 의미를 담고 있다. '설날'은 원일元日, 원단元旦, 원정元正, 원신元新, 원조元朝, 정조正朝, 세수歲首, 세초歲初, 연두年頭, 연수年首, 연시年始 등 다양하게 부른다.

설을 한 번 보내면 나이도 한 살 더 먹는다고 한다. 따라서 설은 나이를 헤아리는 단위로 정착했다. '설'에 대한 최초의 기록은 7세기에 중국의 역사에서 나온다.

왕권국가에서는 왕이 연회를 베풀고 왕과 관원들이 모여 일월신日月神에게 배례한다는 기록으로 보아 '설날'에 대한 관습이 분명하게 있었던 것으로 보인다. 『삼국지』.『위지』「동이전」을 보면 3세기로 추정되기도 한다. 이는 당시 부족국가들이 역법체계를 사용한 것을 전제로 한 추정이다. 하나의 세시풍속인 '설날'은 대체로 소망을 기원하는 의례적인 성격을 많이 지니고 있다.

세시풍속은 농사를 중심축으로 행해지고 있어 농경의례라고도 하며 풍농의 기원과 후대에 이르러서는 풍어제를 지내는 등 어업과도 관련을 갖고 있다.

의례에 있어서는 '설날' 아침에는 조상에게 차례를 지내며 종손이 중심이 되어 대개는 4대조까지 모시고 5대조 이상은 산소에서 모신다.

과거에는 집안 모두가 성묘를 다녔으나 시대의 변천에 따라 가까운 집안끼리만 모여 '설'을 전후하여 성묘를 한다.

또한 정초에는 집안의 평안을 위해 안택을 하기도 한다. 따라서 정월 보름날(15일)이면 마을마다 조금씩 다르기는 하지만 달과 관련하여 풍농, 풍어, 소원, 건강 등 다양한 기원제를 지낸다. 이날 어린이들에게는 보름날 밤에는 잠을 자면 눈썹이 희어진다고 하여 잠을 자지 못하도록 하는 속신이 있기도 했다. 농촌에서는 지금도 볼 수 있는 풍습이다.

이외에도 떡국을 먹도록 하며 '설날'이나 첫 토끼날에는 여자는 남의 집 출입을 삼가토록 하고 복조리를 사는 풍습도 행해졌는데 그런 모습은 지금도 도시나 농촌에서 흔히 볼 수 있다.

그런가 하면 여자들은 널뛰기를 하고 남자들은 보름날의 연은 액연이라 하여 멀리 보내기 위해 연날리기를 한다. 정초는 십이지 일을 정하고 이에 따른 속설을 그대로 옮기는 일이 많았으나 지금은 사실상 유명무실해지고 있다. 또한 보름의 놀이 중 윷놀이를 빼놓을 수 없다.

이러한 세시풍속은 세월이 흐를수록 사라지는 현상을 보이며 우리나라에서는 설이 신정과 구정으로 나뉘는 등 이중과세라는 별칭까지 갖고 있다.

예컨대 음력설은 전통적인 명절, 즉 '설'을 의미하며 양력 '설'은 현재 일상력으로 사용하는 태양력(양력)에 의한 '설'이다.

전통 명절은 '구정'이라는 말보다 '설날'로 불러야 마땅할 것 같다. 우리나라의 현실정으로 보아도 '신정'을 당초 3일 연휴로 하던 것을 1999년 1월 1일 하루로 줄이고 대신 세칭 구정에 3일간의 연휴를 주어 제대로 '설날'을 시행하고 있는 것이다.

우리나라에 태양력이 수용된 것은 1896년 1월 1일(음력 1895년 11월 17일. 고종 32년)이지만 우리의 전통 명절인 '설날'은 여전히 음력 1월 초하루로 이어져 왔다. 여기까지 오는 과정에 일제강점기에는 우리나라 '전통문화 말살정책'의 일환으로 '설날'은 수난을 겪기도 했다.

일본은 명절 무렵이면 떡 방앗간을 폐쇄하고 어린이의 새 옷엔 먹칠을 하는 등 만행을 일삼았다. 그와 반대로 일본의 명절인 천장절天長節과 명치절明治節 등을 국경일로 정하고 우리 한국인들을 강제로 참여시키기도 했다.

그러나 8·15해방과 더불어 '구정'인 '설'명절을 쇠는데도 '신정'을 쇠도록 했으나 이는 국민들의 '구정'에 대한 세시풍습을 꺾을 수 없다는 판단 아래 사실상 음력 1월 1일을 '설'로 인정한 것이다.

'설날'은 한 해의 첫날이라는 점에서 중요한 날이며 신성시까지 하는 날이다. 그렇기 때문에 멀리 사는 일가친척은 물론, 가까이 살아도 부모형제를 찾고 조상을 섬기며 성묘를 하고 웃어른들을 찾아 인사를 드리는 세시풍속은 당분간은 이어지리라고 보여진다.

민족의 대이동이라 할 만큼 '설날'은 중요한 날이다. 온 가족이 모처럼 만나서 싸우지 말고 즐겁고 아름다운 명절이 됐으면 한다. 이것이 친족의 화합이요, 사랑이요, 아름다운 사회건설이 아니겠는가.

(2013. 7.)

하늘에 수놓은 백구

맑고 푸른 하늘에 백구가 휘날렸다. 백구가 잔치를 벌인 것이다. 지난 21일은 우리나라의 전형적인 봄 날씨를 보이면서 하늘에는 구름 한 점 없었다. 상춘객들이 산과 들에서 봄을 만끽하기에 조금도 손색이 없는 하루였다. 그토록 좋은 날씨에 (주)군산뉴스가 주최하는 제7회 군산 새만금배 골프대회가 군산CC에서 성대히 개최됐다.

이날 오후 2시부터 골프대회는 문동신 시장과 박충기 군산뉴스 독자위원장, 군산뉴스 대표이사인 필자의 시타始打로 시작됐다.

시타가 끝난 뒤 문동신 시장은 "군산뉴스가 주최한 제7회 군산 새만금배 골프대회는 골퍼들뿐만이 아니라 군산시민의 화합의 장이 되었다."면서 '앞으로 시 차원의 지원약속과 발전을 기대하며 군산뉴스가 군산시의 등불이 되어 달라'고 당부했다.

300여 명의 골퍼들은 '샷건' 방식으로 동시에 진행된 이날 서해에서 불어오는 시원스런 바람과 함께 푸른 하늘을 향해 단 1m라도 더 멀리 날리기 위해 마음껏 드라이버를 휘둘렀다.

각 '홀'마다 '굿 샷'하는 탄성은 군산CC(공동 대표: 박성주, 유연진)의 광활한 푸른 잔디를 뒤엎을 듯 창공으로 가르며 온통 메아리지게 했다.

이번 대회에 참여한 골퍼들은 대부분 군산 출신들로 평소 골프를 즐기거나 배우는 시민들 가운데서 경험 삼아 '대회'에 '출전해 보자는' 마음으로 시간을 할애한 것으로 파악되었다.

"무엇보다도 자연과 함께 몇 시간을 보내면서 건강도 다지자는 마음에서 참여했다."는 김진혁 씨는 '이 대회는 단순한 군산뉴스의 행사가 아니라 시민의 잔치'라고 행사 의미를 부여했다. 참여자는 30대에서 50대가 대부분으로 '프로'를 꿈꾸는 골퍼도 있어 더욱 수준 높은 골프대회가 됐다.

또한 박춘기 독자위원장은 '현재 골프가 일반화되어감에 따라 전국적인 현상이지만 군산도 예외는 아니다.'라며 '앞으로 골프 인구는 급성장할 것이다.'고 전망했다. 뿐만 아니라 '이런 추세라면 군산뉴스의 군산 새만금배 골프대회는 이번 대회보다 더 규모가 큰 대회로 준비를 해야 할 것'이라고 대회 확대의 필요성을 강조했다.

이처럼 골프가 일반화되어가는 것은 퍽 다행스러운 일이지만 그린피(사용료)의 인하는 물론, 모든 장비와 옷가지의 값이 대폭 내려 일반서민들의 부담을 줄여야 한다는 지적들이다.

이러한 사회적 배경 속에서 치른 제7회 군산 새만금배 골프대회는 시민들의 깊은 애정과 관심 속에서 더욱 성장하리라는 분석이다.

그런 의미에서 (주)군산뉴스의 골프대회는 지역사회 시민들의 건강과 골프 저변확대를 통해 일반화되어가는 스포츠 발전에 이바지하기 때문에 군산시의 관심도 높아져야 할 것으로 보인다.

이번 대회에는 골프동호인들의 단체와 인도어(골프 연습장)별 '팀'들이 대부분 참여한 것으로 보인다. 또한 최근에는 스크린 골프(실제 골프장에서 골프를 치는 모습과 똑같음)장이 성업하고 있어 골프 인구는 더욱 늘어나고 있는 현상이다.

무엇보다 도시생활에서의 피로에 지친 심신을 자연과 더불어 달래보려는 시민들의 의식이 반영된 결과로 보인다. 이날 대회에서 발군의 실력을 보인 선수들은 ◆메달리스트(스트로크) ◇남자:이존구(72타) ◇여자:김지숙(76타,백 카운터 적용) ◆우승(신페리오) ◇남자:김진혁(69.2타) ◇여자:홍양순(70.6타) ◆준우승 ◇남자:백부현(69.6타) ◇여자:박인숙(70.8타) ◆롱기스트 ◇남자:최 걸(290m) ◇여자:전순화(215m) ◆니어리스트 ◇남자:최영고(0.3m) ◇여자:변순명(1.7m) ◆이글 ◇송선숙(남원코스) ◇김동환(전주코스) ◆최다파(15):이주빈.남상복.홍용승 ◆최다버디(6):홍성호 골퍼 등이다.

이들 골퍼들은 한 타 한 타를 칠 때마다 온 정신을 퍼터와 공에 집중했다. 특히 군산CC는 1,004m의 국내 최장 길이의 '홀'이 있어 전국의 골퍼들로부터 호감을 사고 있는 것으로 알려져 있다.

이뿐만이 아니라 잔디의 우수성과 헤어(폭의 넓이)가 넓어 초보들이 대단히 좋아하는 클럽으로 전국의 골퍼들이 찾고 있다.

특히 군산CC는 겨울에는 약간의 세찬 바람으로 불편함을 느끼지만 한겨울을 지나면 봄, 여름, 가을의 세 철은 서해에서 불어오는 시원한 바람에 우리나라 프로들이 선호하는 골프장이다.

이는 군산의 자랑이기도 하지만 지역사회발전에도 커다란 이바지를 하는 결과를 가져왔다. 그러나 한때 '골프장이 군산발전에 무슨 도움이 되겠느냐.'는 비난을 받기도 했지만 이제는 '군산의 보배가 되었다.'고들 자랑한다. 이에 대해 뜻있는 시민들은 "이러한 호평을 받을 때 더욱 친절한 서비스와 클럽의 철저한 관리로 골퍼들에게 불편함을 주어서는 안 되며 클럽하우스의 음식도 군산을 대변할 만큼 신경을 쓰지 않으면 안 된다."고 충언한다.

이러한 기반 위에서 (주)군산뉴스는 그동안 7회째의 경험을 최대한 살려 최소한 전라북도에서 치르는 골프 대회 중에서는 가장 틀스러운 대회가 되도록 할 것이다. 따라서 천지개벽을 이루는 '새만금배'인 만큼 '새만금'의 명예를 걸고 제 8회째부터는 더욱 대회의 규모와 내용을 충실히 하여 전북을 넘어 전국대회가 되도록 노력을 아끼지 않을 것을 다짐한다.

(2013. 9.)

21세기의 문학은 도덕성 회복이다

"인간이 살아가는 데 있어서 최후의 통로는 문학이다. 권력도 부자도 가난도 삶 자체의 철학은 궁극적으로 문학에 귀착한다."

'인간과 문학'의 귀착점에 대해 채규판 원로 시인(원광대 명예교수)은 이처럼 설파한다. 또한 채규판 원로 시인은 "문학은 창조적이어야 하며 이 창조는 정치, 경제, 사회, 문화 등 모든 분야에 해당되어야 한다."고 역설한다.

따라서 "과거가 아닌 미래를 지향하는 것이기 때문에 결코 모방이 아닌 미래성 창조를 말함이다."라며 "이는 너무도 당연한 것이다."라고 강조한다.

특히 작품의 세계는 "과거에 동조하는 것은 '과거' 자체에 머무는 것을 가리키며 이는 곧 과거의 작동에 불과한 불행을 가져온다는 사실을 알아야 한다."고 설명한다.

이는 "우리들의 삶과 마찬가지이기 때문에 정치, 경제 등 모든 분야에 걸쳐 항상 진취적이며 창조적이지 않으면 '삶의 질' 향상 자체가 창조적이지 못하지만 사실적으로는 '정지'되거나 아니면 '퇴보'로 보아야 한다."고 주장한다.

"그렇기 때문에 창조를 전제로 하는 '조정'의 필요성이 우리들의 삶에 주어진다."고 덧붙인다.

채규판 원로 시인은 오늘날의 사회 현상과 관련하여 "기성세대들은 젊은 학생들에게 '나는 민족을 위해 무엇을 할 것인가'라는 주제를 주어야 한다."고 강력하게 주장한다. 이는 곧 "민족의 중요성만이 아니라 성장 과정에서부터 삶의 가치와 인생철학을 자신의 문제로 정립하는 하나의 과제로 주어지는 만큼 이를 받아들여야 한다."는 주문이다.

이런 점 등을 전제로 한다면 21세기를 살아가는 우리들에게 삶과 인생의 철학을 바탕하는 것은 결국 도덕성에 기반한다고 보아야 할 것이다.

"어머니가 제아무리 가난해도 또한 교수가 아무리 가난해도 어머니가 '가난을 대물림할 수가 없다.'며 자식에게 도둑질을 가르칠 수 없듯이, 교수가 '내가 배고픔을 겪어보니 거짓의 수단이 필요하더라.' 하며 제자에게 사기행각을 가르칠 수가 없듯이 '후세들에게 올바름을 가르치자는, 즉 도덕성 회복을 시키는 일은 기성세대들의 '몫'이라는 준엄한 사실을 알자는 교훈적 설파가 아닌가 싶다.

필자는 지난 5월 광주무등문학회(회장 강대실 시인) 회원과 군산 석조문학회(회장 문영 시인) 회원들의 20년 동안 지속해온 교류회에 참석할 기회가 있었다. 이번에는 군산 석조문학회의 초청으로 광주 문인들이 군산에 온 것이다. 석조문학회는 1박 2일 코스로 군산시 옥도면 무녀도에서 1박을 하도록 했다. 이는 김옥중 시인(전 군산문협 회장, 현 석조문협 회원)이 무녀도 초등학교 교장으로 재임 중이어서 기념초청을 하게됨에 따라 어렵지 않게 추진되었다.

그 행사에 채규판 원로 시인을 초청, 문학에 대한 강연을 들을 기회를 가졌다. 이 자리에서 채 원로 시인은 우리 국민이 갖는 현실인식과 문학을 접목시켜 사회적 병리현상을 통찰한 내용을 날카롭게 꼬집었다.

원로 시인이 간파하고 있는 오늘의 현실진단은 과거가 아닌 미래적 창조와 21세기의 도덕성 회복, 젊은 학생들에게 심어주어야 할 민족혼의 중요성과 인생철학의 개념 정립 등이었다. 광주 무등 문학회와 군산 석조문학회의 문학동호인들의 교류회는 뜻있는 문학 강연을 통해 커다란 성과를 거두었다는 평가를 받기에 충분했다.

이러한 상황을 지켜보면서 새로운 인식을 하게 된 필자도 석조문학회의 한 회원으로서 채 원로 시인의 강연 내용에 흐뭇한 교훈적 감정을 느끼면서 한마디 피력했다.

'고군산 열도에 꽃이 피었다. 열매는 광주와 군산에서 맺으리라. 무등산에서 바라본 고군산 열도. 선유 8경의 웃음 보인다. 이름하여 고군산에 핀 꽃'.

이뿐만이 아니다. 무녀도 초등학교에서 필자는 무등문학회원과 학생들을 위한 '새만금'과 관련한 내용과 고군산 열도 등의 설명을 해주었다. 이어 문영 시인이 군산소방서에 근무하고 있어 학생들에게 소방과 119의 중요성과 필요성에 대한 교육을 실시하기도 했다.

또한 박정애 여류시인(환경운동가)은 섬에서는 쉽게 볼 수 없는 '구연동화'를 들려줘 학생들로부터 열렬한 박수갈채를 받았다. 그런가 하면 석조문학 동호인들은 무녀도 초등학교 학생과 유치원생들을 위해 준비해 간 기념방문 케이크와 다과를 전해주고 섬 어린이들을 위로하고 격려하며 이번 문학기행의 성과를 크게 거두었다.

광주무등문학 회원들은 고군산 열도와 '새만금'에 대한 소견과 문학기행의 성과 등을 발표하기도 했다.

이런 행사는 일부이긴 하지만 신시도, 무녀도, 선유도, 장자도의 연육교가 완공되는 2015년이 되면 고군산 열도를 찾는 문인들을 포함한 일반 관광객들이 쇄도할 전망이다. 지금도 유람선과 여객선을 이용하는 승객들이 때로는 만원을 이루고 있는 만큼 군산시는 이에 대한 만반의 대책이 절실한 실정이다.

고군산은 군산 관광의 보물이다. 고군산을 꽃피게 하자.

(2013. 8.)

환상의 어머니

어머니 모습이 어떠한들 무슨 소용이 있나.
곰보도 째보도 허리 구부러진 할머니 모습도
내 마음의 덫이 될 수 없는 일.

나를 낳아준 어머니면 그만이지.
위대함의 생명체를 창조하신 어머니이신데
험상궂은 형상도 내 마음을 지배할 순 없는 일.

내 마음의 고향은 어머니의 마음이기에
어머니는 죽음에 이르기 전에는 내 마음의 생명체
나의 환상에는 인류 최대의 아름다운 모습.

그러기에 나는 오늘도 존재하며 내일을 읽는다.
어머니의 환상은 내 곁을 떠나지 않는 지킴이
나의 생을 마감하는 그날까지.

나를 떼어 놓은 지 60년이 넘었는데.
꿈속에서라도 볼 수 있는 환상의 그림자
바람 따라 구름 타고 환생의 세상을 찾아.

(2013. 5.)

천년 고목千年古木

변산반도 내소사는 천년고찰의 경지를 넘어 인간의 영혼을 지키는 파수병 같다. 봄, 여름, 가을, 겨울 계절마다의 풍광을 달리하며 사람을 끌어당기는 마력을 지니고 있다.

계절에 상관없이 어느 때나 일주문 앞에는 사람이 끊이지를 않고 매표소 입구에 줄을 서 있다. 어떤 마력에 끌린 것인지 아니면 뒤에서 밀어서 줄을 서는 것인지 알 수가 없는 노릇이다.

그런가 하면 대웅보전 앞마당에는 '천년고목'이 버티고 서 있다. 이 고목은 말이 천 년이지 믿기지 않는 청년의 자태를 자랑하고 있다.

또한 일주문에서 천왕문까지 양옆에 줄지어 서 있는 삼나무, 전나무들은 노병들이 도열하여 중생들을 맞이하는 광경이다.

어쩌면 그렇게도 절도 있게 차렷 자세로 '마네킹'처럼 엷은 미소로 환영의 눈길을 보내는지…. 그런데 도열해 있는 중간쯤에 비바람과 폭풍에 못 견디고 그만 쓰러져 고사한 몇백 년 묵은 가시 같은 괴목槐木이 있다. 그 나무는 중생의 눈을 응시하며 죄지은 사람을 골라내려는 모습 같다.

천년고목은 내소사 창건 이래 이곳을 지나는 헤아릴 수 없는 중생들의 영혼을 흔적으로 담고 있다. 또한 오늘을 지나는 중생들의 살아 있는 영혼을 지켜보고 있을 것이다. 나는 비교적 계절마다 바다도 보고 산도 보고 '천년고찰'을 보고 싶어 내소사를 찾는다.

3년 전 겨울, 눈이 발이 빠질 정도로 많이 내렸는데 캐나다 유학을 다녀온 손자 녀석(당시 초등 5)이 아들 내외와 함께 군산 우리 집에 내려와 내소사를 찾았다. 천진난만한 손자가 눈 많은 캐나다에서 겨울을 보낸 경험이 있어서인지 얼마나 좋아하는지 몰랐다.

평소에 눈을 좋아하는 손자는 마음껏 뛰놀며 달리기도 하고 선글라스에 포즈를 취하며 기념사진을 촬영하는 등 거침새가 없었다. 그 모습을 본 우리 내외는 추운 줄도 잊은 채 "저렇게 좋아할까."하며 아들 내외와 함께 즐거운 시간을 보냈다.

나는 가족과 함께 내소사 대웅보전 등 전각 모두와 경내를 돌아보면서 '천년고목'에 대해 "이 나무는 내소사 역사와 운명을 함께할 것"이라며 "아마도 이 앞을 지나는 모든 사람들의 마음을 천 년 동안 헤아려 보았을 것"이라고 설명해 주었다.

말없이 중생들을 지켜보는 '천년고목'은 영혼의 흔적을 간직하면서 '공수래공수거'하기를 바라고 있을 것만 같다. 나는 과연 그렇게 하고 있는지 의문이다.

(2013. 12.)

낙엽이 던지는 심상心想

폭염을 뒤로하고 나타난 가을바람. 금년 여름은 유난히도 사람 살이를 괴롭혔다. 언론 보도를 보면 열사병으로 목숨을 거둔 노인들이 있어 놀라지 않을 수 없었다. 본인들의 주의가 필요한 일이지만 목숨까지 빼앗길 것이란 생각을 전혀 못했을 것이다.

그러함도 언제 그런 일이 있었던가 하며 어느새 '볼'을 스치며 찾아온 바람은 길손을 향해 공손한 인사를 올린다. 그로부터 한 달도 안 돼 푸르렀던 나뭇잎을 하나씩 날리게 하여 바닥에 수를 놓기 시작한다. 이것이 '자연의 섭리' 인간에게 통보하는 방법인가 하는 느낌이 든다.

나는 한더위를 용케도 고통 없이 잘 넘겼다. 군산 월명공원 밑에 있는 아파트에서 살고 있어 아침이면 공원산책을 한다. 그런데 9월 중순 어느 날 산책길에서 도로에 노란색의 낙엽이 널려 있고, '볼'을 스치는 바람의 숨결로 가을이 오는 줄은 알았지만 벌써 가을의 중심이라니….

군산공원에서 가을을 실감한 나는 건강문제로 활동을 두 달 이상 못해서인지 군산 수원지 수변도로를 걷는 것이 낯설게 느껴졌다. 내가 좋아하고 평소에 늘 다니던 수변도로인데 왠지 헤어진 연인을 우연히 만난 것처럼 어색했다.

그래도 군산공원은 항상 사랑하고 안아주고 싶은 내 마음의 연인이다. 외롭고 고달프고 고독한 마음이 엄습해오면 나는 공원을 찾아간다. 오늘도 나는 수변도로를 산책하며 아름다운 세상, 아름다운 사람이 많은 세상이 되기를 축원했다.

바닥에 깔린 울긋불긋한 낙엽이 "나는 가을입니다."라고 인사했다. 이 가을은 어쩌자고 나에게 이런 처량함을 주는지 낙엽이 원망스럽기도 했다.

많은 사람들은 '가을은 남성의 계절'이라고 하나 나는 오히려 가을이 멈춰선 기차처럼 되었으면 하는 심정이다. 멈춰선 기차 고장 수리를 할 수 없어 달림을 멈추게 하고 느림보로 걸어가도록 했으면 하는 마음 간절하다. 그래서 나는 가을을 단죄斷罪하고 싶은 것이다. 언제나 낙엽이 지는 자연의 섭리는 하느님도 가로막지는 못하겠지만 이 가을이 지금이라도 지난여름의 폭염 속으로 되돌아갈 수만 있다면 하고 바라는 것이다.

가을의 전령인 낙엽을 보는 것은 내 얼굴에 주름살 하나를 더 만드는 것이기에 못내 아쉬워서다.

(2013. 9.)

궤적軌跡의 혼

인생은 '공수래공수거'인가
그러나 인생의 흔적은 남는 것
영혼도 흔적도 하나 된 존재.

내소사 앞마당 천 년 나이 먹은 고목은
예나 지금이나 절 마당 스치는 영혼
오늘도 흔적을 머금으며 산 자生存를 대변한다.

천 년이 오늘 같은 생동감으로 내일의 산 자로
내소사 질곡의 역사를 지켜며
중생들의 흔적을 가슴에 담은 청년 고목古木.

(2013. 10.)

마음에 행복을! 세상에 평화를!

행복은 마음에서 우러나오는 것이고 평화는 행복한 마음이 없으면 기대할 수 없는 것이다. 세계 인류는 평화를 원하며 자신의 행복을 추구한다. 그러나 세상살이는 그러하지가 못하다.

세계는 70억 인구에 크고 작은 나라만도 230여 개나 되는 것으로 알려져 있다. 이렇게 많은 나라와 인구가 북적대면서 개인에서부터 집단과 사회, 국가 간의 대립과 갈등은 멈추지 않고 지속적 알력, 투쟁, 살인, 영토확보 등 이루 헤아릴 수 없는 분쟁은 오늘도 쉬지 않고 있다.

인류평화와 행복을 추구하는 종교의 분쟁도 마찬가지 양상을 보이고 있어 이를 평화적으로 해결하려는 노력도 꾸준히 진행되고 있다. 이제 세계는 하나의 지구촌으로 좁혀졌다. 24시간이면 세계 어느 곳에도 날아갈 수 있다.

그만큼 좁아졌기 때문에 지구촌, 즉 한 마을이 되었다는 것이다.

물질적 발달과 과학문명의 발전은 오히려 인류와 국가끼리의 적을 만들어내는 역기능도 발생시키고 있다.

세계2차대전 직후에 미·소(미국과 러시아 구 소련) 냉전체제가 세계를 지배했으나 지금 지구촌의 구도는 미·중(미국과 중국)으로 틀이 바뀌어지고 있다.

한반도를 둘러싼 강대국들에 의해 우리나라는 샌드위치가 되지 않을까 우려되고 있는 상황이다.

이런 국제적 상황 속의 보이지 않는 영토 확보전과 경제 전쟁은 인류평화를 가져오리라는 기대보다는 오히려 영토분쟁에 따른 인명 살상이라는 최대의 우려마저 시사하고 있어 이의 문제해결을 위한 국제적 평화전도사들은 어제도 오늘도 내일도 쉼 없이 뛰고 있다.

어느 한쪽 지구촌의 작은 구석이라 해도 평화가 존재하도록 최선을 다하는 모습들을 우리는 보고 있다.

멀리에서 찾을 일이 아니라 우리나라에서 찾아보자. 어떤 현상들이 빚어지고 있는가. 크게는 "대통령 물러가라"는 시위에서부터 작게는 한 동네에서 이해에 얽힌 살인행위까지, 또는 부모자식간의 살인 등 이루 헤아릴 수 없는 참극들이 빚어지고 있다.

본디 홍익인간으로 태어난 우리 민족성이 어쩌다 이렇게까지 되었는지는 인류 사회학자들에 의해 하나의 역사로 정리가 될 것으로 본다. 이런 가운데에서도 중소도시인 인구 27만의 군산시에서 '마음의 행복과 세상에 평화'를 주제로 한 불교 행사가 있어 시민들의 관심을 모으고 있다.

대한불교조계종 제17교구본사 금산사(주지 : 자산 성우 스님/17교구장)는 말사인 군산 은적사(주지 지월 스님)와 공동주관으로 제1회 '군산불교인의 밤'을 12월 6일 오후 6시 군산리츠프라자 관광호텔에서 군산불교사암연합회와 보현노인전문요양원 협찬으로 200여 명의 스님과 불교 신자들이 참여한 가운데 엄숙히 거행됐다.

이날 행사에는 전 대한불교조계종 총무원장을 역임한 금산사 조실

태공월주 큰스님을 비롯 홍천사 회주 지완 스님, 상주사 주지 도연 스님, 김백호 전북불교신도 연합회장, 박순호 원광대 명예교수 등이 참석하여 뜻있는 불교행사가 됐다.

이날 월주 큰스님은 법어를 통해 "19년 동안 은적사 주지 스님으로 재직하면서 군산시민과 각급 기관단체 등과의 협력체제를 잘 이루어 '보현노인전문요양원'을 비롯 새로운 모습의 은적사를 중건시킨 성우 스님의 공덕은 우리 전북불교사의 성공사례로 남았다."고 밝혔다. 또한 "은적사 불사에 협력을 아끼지 않으신 모든 분들께 감사한다."고 피력했다.

특히 큰스님은 "사람은 서로를 대할 때 미소로 대하길 바란다."며 "도덕이 넘치는 사회가 되도록 모두가 노력해야 마음의 행복도 세상에 평화도 가져올 수 있다."고 강조했다.

금산사 자산 성우 주지 스님은 "월주 큰스님의 가르침을 마음에 새겨 오늘에 이르렀다."고 전제, "은적사 19년의 재임은 승려생활을 통해 얻어진 값진 행복감이었고 책임을 다할 수 있도록 도와주신 모든 분들께 감사한다."고 인사말을 했다.

또한 성우 스님은 군산에서 제1회 '군산불교인의 밤' 행사를 가진 것은 큰 의미가 있을 뿐더러 이번 제1회 행사가 지속되도록 할 것이라고 밝히며 "부처님의 자비 아래 하나가 되어 모든 이가 불교정신을 보다 철저하게 갖기를 축원드린다."고 기념사에 대신했다.

김백호 전북불교신도연합회장은 축사에서 "군산시민들이 불교정신으로 소통과 화합의 주인공들이 되어주기를 바라는 축원을 드린다."고 말했다.

이날 행사에 모인 불교 신자들은 큰스님의 도덕이 넘치는 사회구현을 하자는 '법어'에 숙연한 모습을 보였다. 모두는 오늘의 '군산불교인의 밤' 행사가 군산을 뛰어넘어 전라북도, 한반도에 메아리가 되어 함께 끝없이 이어지기를 바라는 마음이었다.

(2013. 12.)

나는 겨울이 싫어요!

"겨울이 오면 무섭고 싫어요. 먹을 것도 그렇지만 추워서 정말 싫어요." 이 말은 어느 어린이의 절규다. 우연히 버스 정류장에서 초등학생으로 보이는 여자 어린이를 만나 춥지 않느냐.고 물었더니 그 학생의 대답이었다.

그날은 갑자기 눈바람이 내리치는 날씨여서 몹시 추웠다. 요즘은 한겨울 날씨로 두툼한 겨울옷을 입고 집을 나서지 않으면 추워서 떨기 십상이다. 나는 "왜 겨울이 무섭지?"하고 다시 물었다. "우리 집은 가난해서 먹는 것도 충분하지 않지만 나는 두툼한 겨울옷이 없어요."하며 "지금 입은 옷도 얇지 않아요?"하면서 자기를 바라보는 것이었다.

입은 옷을 보았더니 진짜 겨울옷이 아니라 가을옷이었다. 그것도 외투가 아니었다. 나는 어린 여학생에게 지금 어디에 가려고 버스를 기다리고 있느냐고 물었다. 어린이는 시골 외할머니 댁에 어머니 심부름을 간다면서 '외갓집 오빠 점퍼가 있을 거라며 그 점퍼를 입고 오라고 해서 간다.'는 것이었다.

집에는 부모가 다 계시냐고 물었더니 왜 그러느냐는 눈으로 이상한 사람처럼 바라보았다. 나는 손녀 같은 생각이 들고 가정형편이 어려워 보이는 것 같아 안타까운 마음으로 물은 것이었다.

학생은 아버지는 안 계시고 어머니 혼자서 시장 길거리에서 잡화 장사를 하는데 물건이 잘 안 팔려 어느 때는 그냥 빈손으로 집에 오기도 한다며 말끝을 흐렸다. 그때 마침 버스가 도착하자 그 학생은 착실히 "안녕히 계세요." 인사하고 버스에 올라타고 갔다.

나는 '겨울이 무섭고 싫어요.'하는 말이 너무도 목에 걸리고 아파 한참 동안 침묵에 잠겼다. 웬만한 집 어린이들은 겨울용 점퍼가 없는 애들이 없는데 얼마나 어려워 한겨울에 입고 나갈 외투 하나가 없을까를 생각하니 안타깝기 그지없었다. 외가 조카 점퍼를 얻어 입히려는 어머니의 마음은 오죽하겠는가 싶어 마음이 아렸다.

남편 없이 어린 딸과 살면서 시장의 길가에서 잡화 장사를 하는 것은 안타까운 일이지만 자신의 노력으로 알차게 살아가려는 그 어머니의 모습은 요즘 세상에서 쉽게 볼 수 없는 어머니 상이 아닐 수 없다.

관 주도의 불우이웃돕기 운동도 많고 민간 사회단체 등에서도 '나눔의 세상'을 열어 가는 운동을 우리는 많이 보아 오고 있다. 이러한 운동을 통해 지원을 받는 시설이나 독거노인 등 다양한 층의 불우이웃들이 있다.

그러나 그런 대상에 들어가지 못하면서도 정작 생활이 어려워 의식주 해결에 몸부림치는 불우한 이웃들이 참으로 많이 있다. 가난하게 살아가는 이들은 지원 대상에서 제외하는 정부의 방침이 한없이 원망스럽지만 나보다 더 어려운 사람들을 도와주는 것이라 믿고 있을 것이다.

요즘엔 옷가지는 흔하디 흔한 것으로 생각하지만 이는 있는 사람들의 생각이지 정작 형편이 어려운 사람들은 그 흔하다는 겨울용 점퍼 하나 없어 추위에 떨고 있는 것이다. 우리는 그러한 어린이, 어른들이 바로 내 이웃에 있다는 사실을 살펴보아야 한다.

현재 우리나라 경제사정이 어려운 생활을 꾸려가는 이웃들을 돌볼 여유가 없는 것 같다. 그것이 아니면 나만 잘 먹고 잘 살면 된다는 이기주의이거나 위선, 또는 생색내기의 불우이웃돕기는 아닌지 냉철하게 생각해볼 문제라고 말하고 싶다.

북풍한설의 칼날 같은 겨울이 살을 에는 것이 아니라 마음을 에는 것이다. 따스하고 포근한 사랑이 넘치는 사회가 되었으면 하는 마음 간절하다. '나'가 아닌 '우리'를 생각하자.

(2013. 12.)

망해사에서

나는 며칠 전 김제시 진봉면에 소재한 망해사望海寺에 갔다. 망해사는 만경강을 바라보며 낮은 언덕바지에 외롭게 서 있다.

쾌청한 날씨에 기온은 20도까지 오른 초여름이었다. 친구와 함께 찾은 이날은 평소 감기 걸리기에 딱 알맞는 널뛰기 날씨였는데 따스한 봄 날씨를 보여주었다.

그런데도 망해사는 한겨울의 찬바람만 춤추는 쓸쓸한 산사山寺의 모습 그대로였다. 나는 새만금사업으로 인해 갈기갈기 찢기며 건설의 현장을 드러내 보이는 만경강을 하염없이 바라보며 상념에 잠겼다.

옛날에는 별로 가보지도 않은 곳이었다. 그러나 1991년 전북도의회 의장이 되면서부터는 퇴근 후 가끔 찾았던 곳이다. 의회 운영에 매듭이 풀리지 않을 경우 나는 망해사를 찾아 서해의 낙조를 바라보며 '무상의 관념' 속에서 문제해법을 구상하곤 했다.

지혜가 떠오르지 않을 때는 이렇게 망해사를 찾았다. 망해사에서 망망대해를 바라보며 나름의 해법을 찾고는 망해사 산자락 끝의 진봉포구에 들러 백합, 소라 등에 술 한잔 기울이고 전주 집으로 돌아왔다.

이런 추억이 있어서인지 이 따스한 날에 더욱 외롭고도 차가운 나

목裸木을 입고 있는 산사는 내 마음을 무겁게 했다.

그런가 하면 망해사 바로 앞 만경강 언덕 밑은 밀물이 만경강의 존재를 보이지만 강 중심 부분은 넓디넓은 사주沙洲로 형성되어 마치 광활한 육지를 보는 듯했다. 또한 강폭의 중심부쯤에는 방수제공사로 3·8선 경계선을 만들어 놓은 양 만경강 한가운데를 갈라놓아 야릇한 감정이 돋아났다. 거기에 일정 거리를 두고 두 개의 대형 배수갑문이 경계선을 지키는 파수병 모습 그대로였다.

내가 본 20년 전의 모습은 망해사란 산사와 아직은 만경강의 존재감을 줄 뿐이다. 삭막한 산사를 뒤로하고 추억이 서려 있는 진봉 포구를 찾았다.

진봉포구는 쓰나미 현상으로 폐촌이 무색할 정도였다. 개발이란 수단의 먹이가 바로 이것이구나 싶었다. 포구가 온통 찢기고 부서져 누더기 옷가지가 철조망에 걸린 듯했다.

그중에 용케도 운이 좋아 살아남은 서너 집이 생명줄을 이어가고 있다. 50대 초반의 친절한 여주인이 주문 음식을 가져왔다.

나는 상황을 묻지 않을 수 없었다. 이곳에 소공원을 만든다며 발파작업을 하기 때문에 웬만한 사람들은 모두 이사를 가거나 철거를 했으며 그나마 남은 몇 집도 오래 못 갈 것이라며 보상은 받았지만 장사도 잘 안 되고 자녀 학비 등으로 이미 다 없어져 생계가 막연하다고 하소연했다.

소공원이 만들어지고 제아무리 휴식공간이 잘 차려진다 해도 만경강의 하구는 원형을 잃은 모조 작에 불과할 것으로만 느껴졌다. 만경강 역사의 뒤안길에서 망해사만 덩그러니 서 있을 처량함이 머리를 스쳐 눈을 지그시 감을 수밖에 없었다.

나는 새만금사업을 주창한 사람으로서 이러한 개발의 이면사를 충분히 예견했지만 막상 현장을 보는 마음은 착잡하기만 했다. 앞으로 만경강 하구는 영원히 사라지고 외롭게 혼자서 서해낙조를 지킬 망해사의 쓸쓸한 모습이 눈에 밟힌다.

(2013. 3.)

가요무대를 보면서

나는 아내와 함께 매주 월요일 KBS1에서 밤 10시에 방영하는 「가요무대」를 특별한 사정이 없는 한 거의 보는 편이다.

「가요무대」는 우리 민족의 한恨과 설움과 기쁨 즉 민족의 애환을 함께해 온 프로그램이다.

국내는 물론, 해외에 나가 있는 교포, 그것도 1, 2, 3세대가 넘는 우리 민족의 뿌리를 포함하여 해외 근로자 그리고 외항선과 세계 각국의 해역, 공해상에서 고기를 잡아 올리는 선원들까지도 방송시간을 기다리게 한다.

단순한 노래만을 들려주는 것이 아니라 가요를 통해 조국과 고국의 '희로애락'을 담은 노래를 방송하기 때문이다. 또한 국내외의 모든 시청자들의 애달픈 사연을 사회자의 구슬프고 애틋하며 구수한 목소리로 들려 주기도 하고 자막으로도 내보내는 KBS에 감사한 마음도 든다. 때로는 공영방송의 공정성을 잃은 뉴스 등을 볼 때는 '아니저래 가지고서야'하는 한심스러운 생각도 없지 않았다.

그렇지만 그와는 별개의 문제로 생각하는 「가요무대」는 일제 강점 하에서 우리 민족의 해방을 의미하는 옛 가요도 들을 수 있어, 당시만이 아니라 지금도 그때의 민족정신을 배양하고 오늘의 후대들 마음을 뭉클하게, 눈시울을 뜨겁게 하는 프로그램이다.

그야말로 흘러간 노래를 부르는 김정구, 고복수, 신카나리아, 남인수, 이난영 이외에도 내가 좋아하는 가수들이 많이 있다. 이분들의 노래를 들으면서 눈시울을 적실 때가 한두 번이 아니다.

특히 민족해방을 묘사한 가사의 애절하고 구슬픈 곡조에 노래를 하는 가수들의 감정이 나의 마음을 정말 뜨겁게 한다. 늘 나와 함께 시청하는 아내도 나와 같은 심정으로 보아서 그런지는 모르지만 졸음을 참으면서 「가요무대」가 끝날 때까지 눈길을 다른 곳으로 돌리질 않는다.

나도 때로는 졸립기도 하지만 꾹 참고 「가요무대」마칠 때까지 함께한다.

또한 폭주할 만큼 많은 개개인의 사연 가운데서 제작상의 배려 속에 선택하여 시청자들의 눈시울을 적시게 하는 사연을 방영하며 전국의 안방에서도 공감하게 한다.

아름다운 노래는 노래를 부르는 가수와 작사, 작곡자가 없으면 완성되지 않는다. 모두 갖추어야 한다. 「가요무대」는 계절별과 한때 국민의 감정을 대신해 준 작사, 작곡, 가수별로 우리 국민의 가슴속에 깊이 간직되어 있는 고인의 살아생전 옛 모습을 '주제'로 하기도 한다. 옛 시절에 대한 향수를 간직한 중년 이상의 시청자들에게 참 유익한 방송이다.

나는 KBS가 존재하는 한 프로그램의 하나인 「가요무대」는 영구히 존속되리라고 생각한다. 그리고 존속되리라고 믿는다.

(2013. 10.)

아내의 사랑

내가 생각하는 '아내를 사랑하는 마음'이란 신혼 때와 중년이 되었을 때, 노년에 접어들었을 때와는 다른 감정이라는 정도로만 생각해온 게 사실이다. 이런 감정으로 살아오는 동안은 어쩌면 '무미건조한 생활'이 아니었는가 하는 생각을 해봤다.

나는 23년여 직장(전북일보 기자)생활과 20여 년이 넘는 정치인(전북도의회 의장 등)생활을 해오다 공직(금융결제원)에서 상임 감사 생활 3년을 마친 뒤 다시 원직原職인 군산에 소재한 지역신문사에 돌아와 현재에 이르고 있다. 다른 사람들의 눈에는 화려(?)하게 살아온 것으로 보여질지 모르나 나 자신은 어떻게 살아왔는지를 모를 지경이었다.

그러나 결코 후회하지는 않는다. 나 스스로가 모든 문제를 결정해서 한 일이기 때문이다. 신문사 취직도 그러거니와 정치를 하는 것도 나 혼자서 결정한 뒤에야 아내에게 물어보았다.

공직도 마찬가지이며 겨우 지역신문사 임원으로 들어가게 됐을 때도 출근 직전에야(그것도 결정한 뒤) 말을 해주었으니 지금 생각하면 얼마나 일방적이고 독선적이었는가 싶다.

아내에 대한 이런 사고방식의 생활 방식은 '외롭고 고독한 결정이

아내와 함께

었구나.'하는 후회스런 생각뿐이다. 그래도 아내는 그동안 고통스럽고 질곡을 헤맨 일에 대해서 때로는 불평을 하기도 했지만 어찌됐건 지금껏 어렵지만 잘 살아와 주었다. 그러한 데는 나대로의 생각이 있었다. 아내에게 집안 살림을 잘해주는 것도 고맙고 미안한데 중요한 일을 결정하면서 고통스럽게 고민하도록 하는 것은 내가 너무 잔인하다는 순수한 마음에서였다.

그러나 얼마 전 내 인생의 진정한 반려자는 역시 '아내뿐'이라는 사실을 알게 됐다. 나는 지난 6월에 서울 A병원에서 심장에 관한 대수술을 받았다. 수술실에 들어갈 때는 인간이 누구나 한 번 태어났다가 한 줌의 흙으로 돌아가는 것은 어쩌면 진리인데 별일이야 있으랴 생각하며 초연했다.

최근 불교에 관심이 많은 사람들과 함께 버스 한 대로 약 3~4년 동안 한 달에 한 번씩 전국 사찰을 찾아다니며 부처님께 합장하고 자연과 더불어 생활하다 보니 나도 모르게 마음이 비워지고 욕심이 없어지는 듯한 느낌이 많이 들었다. 그렇게 편안하게 생각에 잠기는 사이 세상을 잊어버렸다.

나는 11시간 30분(수술 7시간 마취에서 깨어나기 시작한 지 4시 30분)이 지나서야 비로소 의식을 찾기 시작했다고 한다. 그러고도 나는 며칠 동안은 몸도 마음도 움직이지 않는 '마네킹' 같은 사람이었다. 한 발짝도 걷지 못하고 서지도 못하고 밥도 제대로 먹을 수 없었다. 나에게 최대의 고통이었다.

이런 나를 간호하기 위해 불편한 보조의자에서 쭈그리고 자는가 하면 내 얼굴을 씻겨주며 "괜찮으니까 밥도 먹고 힘을 내라."는 아내의 말 한마디가 나의 고통을 덜어주는 치료보다 더 효과가 높았다. 아내는 한 발도 걷지 못하는 나를 간호사의 부축을 받으며 껴안고 화장실까지 가서 좌변기에 앉혀놓고 밖에서 기다리다가 일이 끝나면 다시 간호사의 협조를 얻어 침상에 눕히는 등 간병도 불평 없이 했다.

매주 금요일 저녁에는 아들이 꼭 찾아와 밤을 지새우며 나를 돌봤다. 그런데 어느 금요일 밤 내가 화장실에 가야만 했다.

아들이 나를 부추겨 화장실에 가서 변을 봤는데 뒤처리의 문제 등 여러 가지로 불편하고 힘이 들었다. 가까스로 세정을 마치고 침상으로 돌아왔다. 개운치도 않고 아내가 절실했다. 나는 당장 다음날 아침에 아내를 오도록 연락하라 했다. 나는 그날 밤 깊은 잠을 못 이루고 아침이 오기를 기다리며 시계를 얼마나 보았는지 모른다. 아침에 병실에 온 아내를 보는 순간 구세주가 오는 느낌으로 반겼다. 먼 곳에 있었던 내 육체의 일부가 돌아온 심정이었다.

‘부부일심동체’라는 말을 더욱 실감하면서 진정 아내와는 단순한 사랑이 아니라 ‘나의 영원한 동반자이면서 생명줄’과도 같은 소중한 존재임을 절실하게 느꼈다.

청, 장년 시절에 크게 못 느낀 아내의 소중함과 사랑을 70이 넘고 2개월여의 병원생활을 겪으면서 비로소 폐부에 깊이 간직하게 되었다.

(2013. 10.)

'가능성에 도전하자'…패트릭 헨리의 인생철학을 느끼며

나는 솔직히 지구상에 패트릭 헨리 같은 사람이 있을까 의심했다. 그런 사람은 아마도 지구상에 유일한 사람일 것이다.

정말 '아름다운 인생'을 살아가는 무한도전의 산증인일 것이다. 사지가 멀쩡하며 신체 건강한 사람도 제몫을 다하지 못하고 살아가는데 두 눈이 없고 사지를 쓸 수 없는 사람의 삶은 기적이었다.

그는 '가능성'이라는 신념 하나로 이 세상에서 가장 뛰어난 사람으로서 대학에 가고 마칭 밴드의 단원으로 트럼펫 연주 활동을 하며 지구상의 모든 장애인들의 횃불이 되고 있다.

패트릭 헨리는 1988년 참으로 희귀한 장애, 즉 팔을 제대로 뻗지도 못하고 걷지도 못하고 보지도 못하는 장애인으로 태어났다. 다시 말해 사지가 펴지지 않는 관절장애와 척추장애, 거기에 무안구증까지 안고 태어난 것이다.

일반인의 시각으로 볼 때 그는 심각한 장애를 안고 평생을 살아가야 하는 가장 비극적 인생이다.

그러나 패트릭 헨리는 우울하거나 어둡지 않게 살아가고 있다. 생후 9개월이 되면서 마치 숙달된 아이처럼 피아노 건반을 자연스럽게 두들기는 모습을 보여 부모를 깜짝 놀라게 했다.

음악적 재능이 있음을 확인한 부모는 헌신적으로 피아노와 트럼펫 연주를 습득시켜 훌륭한 연주자로 만드는 데 성공했다. 거기에 점자도 익히게 했다.

드디어는 루이빌 대학에 입학하게 되고 2백여 명으로 구성된 마칭 밴드의 단원으로 뽑혀 트럼펫과 피아노 연주자로 맹활약을 하고 있다.

여기까지 오게 되는 패트릭 헨리의 뒤에는 그림자 같은 아버지가 있었다. 손, 발 모든 역할을 해주는 아버지는 그야말로 희생적으로 휠체어를 밀어주며 언제나 동행자였다.

가능성과 열정이 무엇인가를 교훈으로 남기는 이 책엔 패트릭 헨리가 이루어낸 승리, 희망, 두려움, 용기, 투지, 결심 등 다양한 내용이 담겨 있었다. 끔찍한 기형아로 태어난 패트릭 헨리는 여러 번의 수술의 고통을 불굴의 의지로 이겨내며 부모의 헌신적인 노력으로 세상에 당당하게 우뚝 선 것이다.

2007년 1월 「오프라 윈프리 쇼」에 출연해 '아름다운 인생의 본보기'로 극찬을 받았다. 그의 연주 모습이 담긴 동영상은 유튜브에서 2백만 이상의 조회 수를 기록했다. 이후 ABC뉴스, ESPN, 투데이 쇼 등에 기적 같은 삶이 방영되어 미국 전역에 자기 안의 가능성과 잠재력을 믿고 도전하라는 열풍을 불러일으켰다.

이러한 초능력적인 가능성에 도전한 패트릭 헨리는 인생 레슨을 위한 8가지를 제시하고 있다. 이는 가능성에 대한 실천요령으로 받아들여지고 있다.

여기에서 제시한 8가지 내용을 보면 1. 삶이 당신에게 오렌지가 아닌 레몬을 주더라도 받아들고 감사하라 2. 당신이 바꿀 수 있는 것을 바꾸기 위해 최선을 다하라 3. 목숨이 걸린 것처럼 열정을 쏟으라 4. 어머니가 자랑스러워할 당신이 되라 5. 가장 위대한 영웅은 집 가까이 있다 6. 길을 정하라. 그리고 나면 지도는 불태워라 7. 아낌없이 사랑하라, 그 몇 배로 다시 돌아오리니 8. 매일을 여름방학 마지막 날처럼 살라 등이다.

이는 사람이 아무리 지혜와 투지력을 갖고 있다 해도 열정이 없이는 실행하기 어려운 일들이다. 이에 대해 단순한 제시에서 그친 것이 아니라 기어코 실천에 옮기도록 가능성을 제시하고 있어 더욱 가치가 있는 것으로 받아들여지고 있다.

특히 정상인으로 태어났어도 삶의 가치관이나 인생철학을 본이 되게 정립하기가 쉽지 않은데 패트릭 헨리는 최소한의 신체적 조건으로도 자신의 삶에 대해 원망하거나 불행하다 하지 않고 오히려 그 악조건을 살려 인생을 개척한 것이 의미가 있는 것이다. 여기에서 여느 사람들과의 차이점이 발견되는 것이다.

패트릭 헨리는 자신이 이룩한 모든 것들은 기적이 아니라 태어날 때부터 숙명적으로 장애를 갖고 탄생한 것이기 때문에 하나의 '가능성'을 계시받은 것으로 수용한 것으로 한 차원 뛰어넘는 인식이라는 생각이 들었다.

특히 패트릭 헨리는 모든 부모들은 달콤하고 신맛이 적은 오렌지를 갖고 탄생하기를 기대하나 자신은 레몬이 가득 담긴 가방을 갖고 탄생했다는 사실에 대해 인정했다.

이는 자신은 태어난 자체가 중요하지 레몬이면 어떠냐는 것이다. 그는 생명체의 중요성을 생각할 일이지 어떤 모습으로 태어났느냐는 중요치 않음을 확고하게 밝혔다. 이 책의 진가를 엿볼 수 있는 대목으로 감동적이다.

뿐만이 아니다. 두 눈이 없는 꼬마 피아니스트가 어둠 속에서 88개의 가능성을 연주했다. 그러나 본인은 영원히 정상이 될 수 없는 아이라는 사실에 대해 힘겨워할 때 부모님은 정상적인 사람이 되기 위해 태어난 것이 아니라 자신만의 '가능성'을 실현하기 위해 태어난 특별한 아이임을 깨닫게 하였다고 기술하고 있다.

생후 9개월 되던 어느 날 피아노 앞에 앉아 음표도 피아노 건반이 몇 개인지도 모르는 상황에서 아버지가 건반을 누르면 완벽할 정도의 음을 찾아내 연주했다고 밝히고 있다.

또한 부모는 피아노와 첫사랑에 빠진 자신을 잠시라도 피아노에서 떼어놓으려고 안간힘을 다했으나 어쩌다 악기가 없는 곳에 가면 장난감 키보드라도 껴안고 가야 직성이 풀릴 정도였으며 지금도 피아노 연주는 삶의 중심에 있다고 했다.

피아노 연주는 연주를 하면 할수록 음악을 나누면 나눌수록 자신의 삶이 풍성해진다고 했다. 이는 곧 '가능성'에 대한 믿음의 도전이 본인의 상상을 초월할 만큼 생의 보람을 느끼게 해주기 때문으로 보여진다.

빼놓을 수 없는 아버지의 지극정성은 모든 부모들의 자식에 대한 헌신적 지원으로 결코 헛되지 않음을 여실히 보여주고 있어 주목할 대목이다. 야간에 우편배송업체에서 근무하면서도 잠자는 서너 시간을 빼놓고는 아들의 손발 노릇은 물론, 모든 행동의 동행자가 되고 있는 것이다.

미국 대학 풋볼경기 중의 하나인 규모가 가장 큰 오렌지볼에서 수

많은 관중 앞에 섰던 날은 인생 최고의 무대였으며 루이빌 대학 마칭 밴드의 두 눈 없는 트럼펫 소년과 걸을 수조차 없는 그 소년의 두 다리가 되어 함께 행진하는 아버지의 이야기는 경기장을 찾은 관중들의 입소문으로 세상에 알려지기 시작했다. 드디어 2006년 마칭 밴드 활동으로, 스포츠선수가 아닌 일반인으로서는 최초로 '디즈니 세계 '스포츠정신상'을 수상하기도 했다. 이를 계기로 각종 언론매체에 출연해 꿈과 가치관을 많은 사람들과 마음껏 나눌 수 있게 되었다고 했다.

이 같은 사실들에 대해 놀라는 사람들에게 패트릭 헨리는 "아직도 나의 외모가 신기해 보이나요?"라는 질문을 던지며 이따금 자신은 롤러코스터에 탑승할 수 있는 최소 신장 120cm의 키를 가진 것만으로도 이 세상에서 가장 행복한 거인처럼 느껴진다고 했다.

이어 자신은 여전히 걸을 수도 없고 눈 대신 폴리에틸렌 재질의 구슬이 두 눈자리에 들어 있지만 보이지 않는 눈으로 다른 사람이 보지 못하는 진짜 중요한 것을 본다고 했다. 눈이 없는 자신은 당신의 인종도, 성별도, 외모도 중요하지 않으며 손을 뻗어 누군가의 뺨을 만지고 손을 잡으며 그들의 목소리를 듣고 나의 음악을 들려주며 마음으로 교감하는데 이를 두고 기적이라고 하지만 나는 처음부터 하나의 반짝이는 '가능성'이었다고 서슴없이 털어 놓았다. 이는 자신이 태어나면서부터 그렇게 탄생했기 때문에 아예 다른 기대가 아닌 '가능성' 하나로 문제 해결을 하며 삶의 행복을 느끼기 때문으로 보여진다.

지구상에는 갖가지 장애인들이 헤아릴 수 없을 만큼 많이 살아가고 있다.

이들 중에는 패트릭 헨리 같은 마음으로 살아가는 장애인도 있겠지만 이처럼 혹독한 장애의 굴레에서 절망 속에 사는 사람도 있을 것이다. 그런 사람들에게 '가능성'이란 신념 속에서 원망도 좌절도 어떤 장벽도 다 이겨낼 수 있다는 것을 보여주는 필독서가 아닌가 싶다.

(2013. 9.)

2부
바르게 살자

제주대 교수인 막내 처남 부부와 함께 서산 간월암에서

군산을 씨름왕국으로 만들자

불모지 씨름판인 군산에서 전국에서 모인 장사들이 '모래판'을 뒤집었다.

'힘'을 겨룬 것이다. 그것도 '설날'을 전후하여 지난 8일부터 11일까지 2013년 '설날장사씨름대회'가 열렸다.

체급별로 4일간의 열전 끝에 장사 한 명씩이 탄생한 것이다.

백두장사에는 150kg 이하인 윤정수 장사(28, 현대 삼호중공업)가 꽃가마를 탔다.

한라장사에는 110kg 이하인 이주용 장사(30, 수원시청)가 지난해에 이어 두 번째 꽃가마에 앉았다.

특히 이주용 장사는 두 번의 꽃가마를 거머쥠에 따라 군산과 남다른 인연을 맺었다.

금강장사는 90kg 이하로 현대 삼호중공업에 입단한 새내기 최정만 장사(23)가 마음껏 기술을 발휘, 장사 타이틀을 움켜쥐었다.

마지막이면서도 맨 먼저 '힘'을 겨룬 태백장사 결정전에서는 34세의 씨름판 노장인 오흥민 장사(부산 갈매기 씨름단)가 생애 처음 장사 타이틀을 차지했다.

이렇게 네 체급의 우열이 가려져 '영광의 장사'라는 선물을 전국의 씨름 팬들에게 안겨 주었다.

이처럼 영광스러운 '설날' 잔치를 베푸는 데는 숨은 '힘의 장사'가 아닌 '몸과 마음'을 바치며 온갖 어려움을 극복하면서 새만금도시 군산에 유치한 '굳은 의지의 장사'가 있다. 이 장사가 군산을 위해 '용마龍馬를 난다'는 것이다.

주인공은 박충기 전북씨름협회 회장(55세)이다.

박 회장은 군산시 서수면 출신으로 서수초등학교, 임피중학교, 이리농림고등학교, 원광대 사범대학 체육학과를 졸업했다.

농부의 아들로 태어난 박 회장은 평소 봉사정신과 자기적 희생을 잘도 감수해내는 성품으로 지역사회에서 신망이 두터워 지역학교 육성회장, 운영위원장, 동군산농협 설립위원, 의용소방대장, 재향군인회장, 자율방범대 임원, 전북청년회의소 외무부 회장, 한국청년회의소 국제개발위원장, 군산시 생활체육회 부회장 등을 역임한 뒤 2003년부터 씨름협회와 군산시 체육회에 임원으로 몸담게 된다.

박 회장은 2003~4년 대한씨름협회 이사와 2005년에는 대한씨름협회 부회장을 맡아오다 한동안은 회장 직무대행을 역임하기도 했다.

2008년부터는 군산시체육회 기획이사, 생활체육회 부회장, 전북씨름협회 부회장, 생활체육회 전무이사, 2010년에는 전북씨름협회 회장을 맡아 2003년 현재까지 회장으로 봉사하고 있다.

그런가 하면 군산시민체육회 상임부회장으로 상근하면서 군산시 체육발전에 커다란 '획'을 긋는 데 최선을 다하고 있다.

돌이켜보면 박 회장은 경력이 대변해 주듯 자신을 불태워 지역사회와 나라의 발전에 기여하는 것을 하나의 역사적 소명으로 받드는 정서를 엿볼 수 있다.

전라북도 씨름협회는 1957년 김삼만, 이홍우, 문홍관, 고환근, 이민준 등 5명(전원 작고)이 창단발기를 하면서부터 시작됐다.

초대회장은 김삼만이 맡았으며 현재 박충기 회장이 18대 회장을 맡아 운영하고 있다.

이에 박 회장은 2012년에 대한씨름협회와 유치계약을 하여 한번 치루어 보자는 데서 출발하여 행사를 거뜬히 성공적으로 해냈다.

이에 흐뭇한 판단을 내린 대한씨름협회는 다음 장소와 관련한 논의 끝에 이유 없이 군산에서 3년 연속으로 하자는 데 동의했다.

이로 인해 금년을 포함하여 2014~2015년까지 연속 3년을 '설날장사씨름대회'는 군산에서 치르게 되어 있다.

이러한 결과는 인간 박충기 명예장사의 끈질긴 투지력과 신뢰, 완벽하리만큼의 행사 처리 능력, 즉 대한씨름협회에서는 없어서는 안될 소중한 존재로 자리매김한 덕분이다. 대한씨름협회 한 임원은 박 회장은 전북의 씨름협회장이 아니라 대한씨름협회장으로서도 손색이 없는 인물이라고 치켜세운다.

그러나 정작 본인 박 회장은 '어림도 없는 말'이라며 "우선 군산의 씨름판을 30만 시민과 더불어 '씨름왕 도시 군산'으로 발판을 굳히는 데 노력을 아끼지 않겠다."고 다짐한다.

"전북의 씨름을 본궤도에 올려놓은 다음에 군산과 전북의 씨름이 우리나라 정상에 우뚝 서는 대표팀이 되도록 하겠다."고 역설한다.

이외에도 박 회장은 "1984년 창설한 전주KBS기 전북 초·중학생 씨름대회를 활성화해야 한다."고 강조한다.

금년으로 30주년을 맞는 이 씨름대회는 초·중학교 학생 씨름이 학교체육으로 발돋움하여 우리 씨름이 대중화돼야 한다고 주장한다.

둘째로는 초·중학교 학생들이 고등학교로 발전하면 자연스레 전북에서도 실업팀이 창단되게 될 것이라고 전망한다.

이처럼 꿈나무 씨름 장사에서부터 기성 장사가 탄생이 되는 게 박 회장의 '소박한 꿈이요 희망'이란다.

그동안에는 "전주대학교에서 씨름 장사들을 양성했으나 모두 다른 지방으로 옮겨감에 따라 몹시 마음 아프다."고 한다.

박 회장의 고충만이 아니다. 30만 군산시민들은 다른 데 쓰이는 예산도 중요하지만 씨름 대회 같은 전국 규모의 대회를 개최하는 것이 '새만금 도시 군산'을 알리는 최상의 방법이 아닌가 하는 여론이다.

시 당국은 어차피 3년이란 연속행사를 계약한 이상 더더욱 많은 지원을 통해 계약이행에서 끝나는 것이 아니라 '설날씨름대회'만큼은 계속해서 군산에서 치르도록 함이 어떨까 싶다.

마지막 날인 11일 '백두장사' 결정전의 관중 열기는 군산시민의 열기보다 더 한층 높아 열광적이었다.

30만 시민이여! '군산을 씨름왕국'으로 만들자.

(2013. 7.)

백 살 시대 열렸는데 정년 60세도 짧다

우리나라는 그동안 50대 중후반이면 정년을 맞았다. 세계적 추세에 따라 우리나라도 정년을 최소한 60세까지는 늘려야 한다는 데 정치권부터 공감하고 나섰다. 시작일 뿐이다.

이 제도를 법제화시켜 공공기관, 지방공사, 지방공기업과 상시근로자 300인 이상 대규모 사업장은 2016년부터, 국가 및 지방단체와 300인 미만 중소기업은 2017년부터 60세를 정년으로 의무화하도록 했다.

이는 '고용상 연령차별 금지 및 고령자 고용 촉진에 관한 법률 일부 개정안'이다. 세칭 '정년연장법'으로 국회 환경노동위원회 법안심사 소위원회는 이를 통과시켰다.

이 법 개정 전에는 "연장할 수 있다."하여 권고사항에 불과했으나 소위원회 내용대로 본회의에서 통과되면 "연장해야 한다."로 바뀌게 되면 의무조항이 되는 것이다.

정부와 정치권에서 발 벗고 나서는 것은 세계적 추세인데다 현재 우리나라 실정을 보면 소위 베이비붐 시대의 은퇴가 현실적 문제로 대두되고 있어 법제화 강화를 하지 않을 수 없는 상황인 것이다.

이뿐만이 아니라 우리나라의 인구 고령화가 세계에서 가장 급속하게 진행되고 있고 노후빈곤 문제도 경제협력개발기구(OECD) 회원국 중에서 가장 최악이다.

이러한 문제들은 사회 전반에 걸쳐 사회문제로 심각한 상황을 불러일으키고 있어 국가적 문제로 받아들여야 함에 이르렀다.

정년 연장의 법제화 강화는 발등에 떨어진 불이다. 이에 대해 여야는 물론, 정부로서도 정년 연장의 시급성을 외면할 수 없으며 또한 국민들의 지탄을 면할 길도 없다. 물론, 이와 관련하여 일부는 반대하는 측도 있겠으나 이는 대세로 받아들여야 한다.

그렇기 때문에 이제 시작에 불과하다는 것이다. 대부분의 근로자들은 대환영을 하고 있으며 만시지탄의 감이 없지 않다고까지 한다.

그러나 문제는 법제화를 통해 세칭 '정년 연장법'이 국회를 통과하여도 예정대로 모든 사업장에서 제대로 시행을 하느냐가 문제인 것이다. 60세 정년을 가져오도록 한 것은 관련 단체와 근로자들의 끊임없는 투쟁적 노력의 결과다.

그럼에도 재계를 포함한 노동계는 각각 자신들이 원하는 만큼의 주장을 펼칠 것이 뻔한 일이다. 이점이 문제점과 우려를 낳게 하는 점이다.

이와 관련한 임금체계, 직무, 사업장 규모 등 다양성을 하나로 묶어 법제화대로 시행하기란 쉽지 않을 것이므로 문제임에 틀림없기 때문에 이에 대한 점은 노사정의 꾸준한 노력이 요구된다.

또한 이에 해당하는 근로자들을 제외한 다른 근로자들은 "양극화 현상을 더욱 심화시키는 결과가 아니냐."며 "우리는 더욱 나락으로 떨어질 것인데 그 대안은 무엇이냐."는 주장도 나올 것이다.

또 다른 문제는 "노령화에 따른 정년 연장은 좋으나 청년들의 일자리가 그만큼 줄어드는 현상에 대한 대안은 무엇이냐."며 청년실업률을 따지고 있다. 이 또한 문제가 아닐 수 없다.

정년 연장이란 이토록 상호 이해와 구조적인 관계들이 거미줄처럼 얽히고 설킨 복잡다단한 일이 아닐 수 없다. 그렇다고 지금에 와서 노동 복지정책이 뒷걸음질하여 법안 심사소위를 통과한 법안을 미루어서는 안 되며 본회의를 통과시켜 시행해야 한다.

지금 법안 심사소위 통과만을 놓고도 해당되는 근로자들은 60세 연장에 따른 새로운 생활계획을 세우고 있다.

이제는 세계가 글로벌화되어 지구촌의 실태에 대해 당국자나 정치인들보다 근로자들의 정보가 더 빠르다. 현재 유럽 국가들은 평균 정년이 65세인데 반해 우리나라는 그동안 60세란 정년도 실효성 없는 권고사항에 불과할 뿐 실질 정년은 53세로 조사결과 나타났다.

이 상황에서 60세 연장은 중장년층의 소득증가로 빈곤예방과 경제적 안정, 소득 양극화 완화 등 다양한 사회 기여가 될 것임에 틀림없다. 통계청 경제활동인구조사를 보면 30~56세 고용률은 75%이지만 57세 이상 고용률은 57.6%로 너무나 차이가 난다. 이 가운데 직종은 10인 미만의 영세사업체나 비정규직으로 경제활동인구통계에 잡힐 뿐이다.

이 같은 조기퇴직을 막는 60세 정년은 기존의 직장인이 아닌 일반 노령층에 대한 복지서비스도 중요하지만 정년 연장을 계기로 일자리 창출이 더 중요하다는 지적도 나온다.

정년 연장 하나로 다양한 국민의 욕구충족을 하리라는 기대는 요원한 일이지만 1백 세 시대를 살아가고 있는 현실에서 너무도 당연한 일이다. 이제 모든 문제를 정년 60세 연장에서만 찾을 일이 아니라 그 이상의 연령대에 대해 지금부터 국가적 차원에서 장기적인 정책수립이 필요하다.

1백 세를 엄존하는 국민은 60세 이상의 정년 연장을 희망한다.

(2013. 8.)

상생과 조화의 여성 지도자

천지만물은 어머니로부터 탄생한다. '암컷'과 '수컷'의 존재가치는 바로 여기에 있다. 암컷이든 수컷이든 어느 한쪽만은 2세를 탄생시킬 수 없으며 반드시 '암수'의 결합에 의해서만이 새로운 생명체의 잉태가 가능한 것이다.

암컷이 지닌 위대함은 모든 생명체의 생명력을 지니고 있을 뿐만이 아니라 인류사회에서의 '어머니'라는 칭호는 우주를 지배할 만큼의 위력을 지니고 있다 해도 과언이 아니다.

오늘날에 있어서의 '어머니들의 힘'은 집단적 지도력으로 발전하고 그 집단적 지도력은 사회와 나라를 거느릴 만큼의 지도력을 발휘하고 있다.

지금 세계적으로는 우리나라 박근혜 대통령을 포함한 10여 개국의 여성 국가지도자들이 나라를 이끌고 있다. 그런가 하면 세계적인 국제기구에도 여성 지도자들이 자리를 차지하고 있다.

사회적으로도 마찬가지이다. 일반적 사회단체의 규모에 상관없이 여성 지도자로서의 역할을 제대로 하고 있음이 사실이다. 이처럼 각계각층에 여성 지도자들이 사회와 나라를 위해 헌신봉사하고 있다. 물론 여기에는 최소한의 활동비가 지원되기도 하지만 1백% 봉사하는 경우도 허다한 실정이다.

여성 지도자들은 여기서 그치지 않고 있다. 우리나라에는 사법시험, 외무고시, 행정고시, 기술고시뿐만 아니라 회계사 등 국가고시가 다양하게 실시되고 있다. 이는 국가가 시행하는 최고의 고시이다.

이에 과거에는 여성들의 응시율도 저조하거니와 합격률은 정말 하늘의 별따기로 1년이면 세 손가락 안에 들 정도였다. 그러나 여성의 사회적 진출의 급증과 동시 각종 고시의 응시율이 남녀 비율이 버금하면서 우선 사법시험 합격률이 높아지고 여성 수석 합격에 수석 수료생이 배출되는 현상을 보이고 있다.

각종 고시에서도 여성이 차지하는 비율이 날로 증가되는 현상이 현저하게 나타나고 있다. 그만큼 여성 지도자들이 많아지고 있음을 반증하는 결과이다. 진정 남성들의 가치관과 인생철학이 바뀌지 않을까 하는 우려마저 낳게 하고 있다. 21세기가 지향하는 인간의 패트롤이 바뀌어가고 있다는 사실을 직시하지 않을 수 없다. 이런 환경이 우리들의 눈앞에 다가와 있다. 그동안은 남자끼리의 경쟁사회라 해도 무방했으나 이제는 남녀 공동의 경쟁사회에 돌입해 있다는 사실을 잊어서는 안 될 일이다. 지금 세계는 여성들이 정치, 경제, 사회, 문화, 체육 등 참여하지 않는 곳이 없고 뛰어난, 지도력을 발휘하고 있다.

그럼에도 불구하고 여성 지도자들은 자신들이 맡아 해야 할 일들에 대해 끊임없는 노력을 하고 있다. 우리 군산만 해도 최근 군산여성단체협의회 제13대 회장에 취임한 백옥경 여사(62)는 "상생과 조화를 바탕으로 16개 여성단체 2천여 회원들의 상호 협력과 지속적인 어울림으로 군산발전을 위해 여성들의 역할에 최선을 다하겠습니다."라고 다짐해 보였다. 이것이 곧 여성 지도자로서 어머니들의 힘이요 뿌리다.

백 회장은 군산교육대학교를 졸업, 군산풍문초등학교와 남초등학교에서 교사생활을 마친 뒤 군산적십자봉사회 회장, (사)국제티클럽 군산지회장, 군산티클럽 리더십 아카데미원장을 역임하고 현재는 국제티클럽 인성지도자 강사, 원불교 군산지구 여성회장, 한울안운동 군산지회장 등을 맡아 바쁜 일정을 보내면서도 이번에 여성단체협의회 회장의 격무를 맡았다.

항상 겸손과 자신을 낮추는 습성을 잊지 않는 백 회장은 "다른 단체와 기관과도 긴밀한 연락과 협력체제 구축, 지역경제 활성화, 사회계층의 약자보호와 다양한 봉사활동에도 게으름이 없도록 하겠다."고 역설했다. 따라서 "다른 단체들의 봉사활동에도 예의에 벗어나는 일이 없다면 어떤 협력의 요청도 받아들여 하나의 군산시로 만드는 데 우리 여성단체협의회가 할 일을 충실히 하겠다."며 "군산시의 모든 단체들이 하나가 되어 모든 일들을 했으면 한다."고 단합을 호소했다.

"뭐니 뭐니 해도 신뢰가 중요한 일"이라고 믿음을 강조한 백 회장은 "신뢰 속에서 성장의 열매를 맺게 되기를 소망한다."며 "그동안 12대까지 이끌어 오신 선배 회장님들을 포함한 집행부와 회원 여러분들의 아낌없는 협력의 보람을 강렬히 느낄 수 있도록 여성단체협의회에 주어진 여건 속에서 조금도 소홀함이 없도록 할 것"이라고 다짐했다.

"그동안 선배님들이 땀 흘려 이룩한 결실을 더욱 발전시켜 여성만이 간직할 수 있는 아름다운 품성을 발현시키면서 군산의 새로운 이미지를 창조적으로 만들어 나가겠다."고 포부를 밝혔다.

"상생과 조화를 이룩할 여성단체협의회 회원 모두는 한 가족입니다."라고 힘주어 말한 백 회장은 "2천여 회원 가족이 하나가 되어 어떤 일을 하고자 할 때만이 성공적으로 이룰 수 있다."며 '일치단결'을 비전으로 내세운다. "강풍이 휘몰아치고 북풍한설이 '살'을 에이어도 흔들리지 않는 군산의 여성단체협의회는 사랑하는 시민, 기관단체 임직원 회원들 모두가 한마음이 되는 것이 군산발전의 비전"이라고 정리했다.

풍요로우며 환한 웃음을 잃지 않는 백 회장에게서 풍기는 인상처럼 군산시 발전의 모습이 닮아갔으면 한다.

(2013.8.)

바르게 살자

'바르게'는 인생행로를 제시한다. 무한한 사고력을 가진 인간을 바르게 이끌어 준다. 사람은 대체로 어느 것이 옳고 어느 것이 잘못이며 진정 어느 것이 '바른' 것인지를 알면서도 자신의 이익을 우선시하다 오직 생각나는 대로의 판단에 따라 살아가는 것이 인생행로인 듯하다.

휘어진 잣대는 잣대가 아니듯 마음이 삐뚤어진 사람, 세상사에 대한 탐욕, 무배려와 이기주의 발로 등은 '바로' 세상을 억압한다.

이러함이 난무하는 인류사회가 과연 평화를 가져오게 하고 두 사람 사이에도 과연 '바른' 생각이 지배할 것인지는 어느 누구도 단언하지 못할 것이다.

이러한 냉정한 세상을 막아보자며 부처님의 가르침을 불기 2,557년에 이르는 오늘도 속세에서 '바르게'를 설파하는 스님이 있다.

필자는 지난 8월 4일 군산불교108산사순례회원 40여 명과 함께 관광버스를 이용, 전라남도 곡성군 죽곡면 봉두산(753m)의 동리산桐裏山 자락에 자리 잡은 불교성지 태안사泰安寺를 찾았다.

우리 일행인 이상태 거사를 비롯 전효기, 홍계순, 임용해, 한복님, 박정애(시인), 김경애 씨 등 독실한 신도들이 법당에서 원로 정견 스님으로부터 '바르게'라는 주제의 법문을 들었다. 이 자리에서 정견 스님은 법문을 통해 "인간은 태어나면서부터 성품을 갖고 성장하는 과정에서 세상사에 대해 보고 듣고 배우고 하여 자신의 인생행로를 걸어간다."고 전제했다.

"이렇게 살아가는 것이 옳은 것인지를 주관적 판단만 하지 '바른' 것인지에 대해서는 전혀 더듬어 보지 않는 데서 문제가 있다."는 것이다. 그렇기 때문에 인간사회의 혼탁함은 청정사회로 쉽게 진입이 안 된다는 것이다.

그러므로 "우리 모든 인류가 인간행로의 바로미터가 되는 '바르게'를 전제로 살아가야 한다."고 설파한다. '바르게'는 어떤 잣대로 재느냐는 것이다.

만물의 영장임을 자부하는 사람들은 "자신의 행동이 과연 '바르게' 판단한 것인지를 생각하면 마음에서 우러나오는 진실이 지배한다."는 것이다. 따라서 "인간이 세상을 살아가면서 가장 소중한 것이 무엇인가를 냉철이 판단하면 부처님의 가르침이신 '바르게'가 나온다."고 강조한다. 그런 의미에서 본다면 "곡식이 인간의 생명근거가 되듯 인간에게 주어진 본질적인 양심과 무소유를 생각하게 되면 '바르게'는 자연히 잘못된 판단을 바로잡아준다."고 제시한다. '바르게'만 생각한다면 인류평화에까지도 접근할 것"이라고 전망한다.

정견 스님은 "백제불교는 불교세계의 리더가 된 역사가 있기에 대단한 자긍심을 갖고 이를 다시 찾아야 한다."고 역설한다.

태안사는 724년(경덕왕 1) 하허삼위신승河許三位神僧께서 창건한 천년 고찰이다. 한때는 선문구산禪門九山의 하나인 동리산파桐裏山派의 중심 사찰로 선암사, 송광사(전남), 화엄사, 쌍계사 등을 거느리고 영화를 누렸던 고찰이다.

(2013. 9.)

소·돼지 눈물, 누가 닦아 주나요

"우리네 신세는 어차피 사람들 먹이에 불과하지만 값은 제대로 받고 싶습니다." 죽음 앞에 생명은 잃지만 몸값은 제대로 받고 싶다는 소와 돼지의 피맺힌 눈물 섞인 하소연이다.

어쩌면 이 하소연은 소와 돼지 등 가축을 기르는 축산 농민들의 피눈물 나는 기진맥진한 가냘픈 소리일 것이다. 이러한 일은 어제 오늘의 현상은 아닌 것으로 여겨지지만 지금쯤은 너무도 지쳐서 실낱 같은 소리를 내는 기력마저 잃어가고 있다는 목멘 소리들이다.

이 같은 축산 농민들의 처절한 현실에 젖은 눈물은 과연 누가 닦아 주어야 하는가. 참으로 심각한 현실을 좌시하지 않을 수 없다.

우리나라 축산정책이 어쩌다 여기까지 왔는지를 알아볼 필요가 있다.

문제는 가격이다. 판매를 위한 일정 규격에 도달할 때까지의 사료 사용량 등 생산비와 판매가격과의 대비에서 생산비마저 충당이 안 되는 판매가격으로는 정상적 매매가 이루어질 수 없다는 것이다.

물론 이익이 남는 가격대도 있지만 그의 진폭이 너무 심한데다 정상가격 이하일 때의 기간이 너무 길면 결국 축산 농가는 황당한 꼴을 당하고 만다는 것이다.

요즘 전북뿐만이 아니라 전국적 현상으로 소, 돼지, 닭까지 산지가격은 계속 하락세를 이어가고 있는데 반해 사료 값은 가파른 상승세를 타고 있다. 이러다 보니 축산 농가들은 벼랑 끝까지 몰려 앓는소리가 절로 나오는 게 현실이다.

축산 농가들에 따르면 2년에 한 번꼴로 반복되는 현상이며 사료 상승가에 비해 산지 판매가격과의 차액이 너무 큰 폭이라는 것이다. 축산업계가 밝힌 가격을 보면 지난달 말을 기준으로 돼지 경락가(110kg)는 마리당 28만 9천 원으로 생산비를 밑도는 수준으로 하락세를 보이고 있다.

이는 지난해에 비해 31.7%나 급락한 시세이며 2월에 비해서도 3.8%나 하락한 시세다. 또한 평년에 비해서는 36.0%나 하락한 가격이다.

소의 경우도 산지 한우 값(600kg기준)이 마리당 429만 8천 원으로 5백만 원을 밑도는 가격이다. 이는 지난해 같은 기간 490만 원보다 12.4%나 하락했으며 지난 2월에 비해서는 471만 원보다 8.8%가 떨어진 가격이다. 이런 현상은 지난 3년 평균가격 536만 7천 원에 비해 19.9%나 하락한 시세다.

닭고기도 지난 1월 기준 kg당 1,446원으로 지난해 같은 기간에 비해 313원이 하락, 17.8%나 떨어졌다. 이처럼 축산물 가격이 급락세를 보이는 것은 설 전후의 소비 문화의 영향도 있겠으나 사육두수는 증가하는 반면 소비 위축에다 수입산이 밀려드는 데에 더욱 큰 영향을 받는 것으로 분석된다.

여기에 엎친 데 덮친 격으로 사료 값은 지난해에 비해 40%나 급등하는 폭등세를 보여 축산 농가들의 허리를 더욱 구부러지게 하고 있다.

이런 채산성의 악화는 축산 농가들의 자체적인 노력만으로는 회복을 기대하기가 어렵다는 분석들이고 보면 이제는 정부 차원에서 이들 축산 농가 회생책을 내놓아야 한다는 것이다.

계절의 영향도 받는 축산물은 봄철을 앞두고 소비 수요가 급증할 것으로 전망이 되지만 농협이나 생산자 단체에서의 소비촉진 대안이 현재로는 특별히 나오지 않고 있어 역시 축산정책을 국가 차원에서 생산비 절감책과 소비촉진에 따른 대안 등을 내놓아야 할 것으로 보인다.

제일 중요한 사료 값 절하책이 나와야 함은 두말할 필요가 없다. 사료 값이 재조정되어 현재 값의 15%만 내려도 생산비에서 원가가 15% 낮아지는 결과가 되는 것이다.

물론 축산 농가 자체로도 생산비 원가절감에 최선을 다하겠지만 축산 시설에 따른 원가절감도 상당한 비율을 차지하는 만큼 생산 농가와 정부당국이 '협업'이라는 정신과 차원을 높이는 정책이 이루어져야 할 것으로 보인다. 이러한 경영기법이 창출된다면 축산 농가의 피눈물은 어느 정도 닦아지지 않겠는가 하는 전망이다.

또한 대형할인점들이 지역마다 입주하면서 가격경쟁을 벌이고 있는 데에도 영향을 받고 있다. 여기뿐만이 아니다. 생산자 손을 떠나면서부터 몇 군데의 유통과정에서 최대의 이윤을 남김에 따라 소비자가격은 품목에 따라 오히려 상승세를 보이지만 축산 농가의 출하가격은 요지부동이다.

이런 현상은 결국 생산자들만 골탕을 먹는 일인데 일반 소비자들은 유통과정의 구조적 모순점은 아랑곳하지 않고 다만 편리한 것만

추구하는 점에 안타까워 한다.

가격 안정세를 가져오도록 하고 생산자의 원가절감, 유통구조의 과감한 개선책, 소비촉진책 등 정부가 주도적으로 축산 농가의 도산 방지와 희망을 줄 때 비로소 죽음 앞의 생명이 희망으로 큰 발걸음을 내디딜 것으로 보인다.

기진맥진한 축산 농가에 '나눔의 희망'을 베푸는 것은 우리 모두의 '몫'이다.

(2013. 9.)

바람 같은 사랑

청조한 그녀를 처음 만났을 때 나는 황홀했다.
아무리 때려도 부러지지 않고 표적조차 없어 보이는 그녀
환희에 찬 둥그스름한 얼굴은 언제나 미소를 잃지 않는다.
그러던 그녀가 언제부터인가 흩날리는 바람처럼 보였다.
시원한 바람, 혹한의 뺨 때리는 칼바람, 어느 때는 멈춰 있는 바람
진정 그런 바람 같은 그녀인지 알 수가 없다.
나는 오늘도 내 가슴을 스쳐간 바람 같은 그녀를 생각한다.

(2013. 8.)

백범 김구 선생 명상 길

만추晩秋에 낙엽의 실크로드를 밟는다는 것이 조금은 쑥스러웠다. 충남 공주시 사곡면 태화산 자락에 자리한 마곡사 뒷길 백범 김구 선생 명상 길을 걸었다. 지난 11월 3일 군산문인협회(회장 윤규열)가 주관한 가을 문학기행의 일원으로 참석한 나는 문인으로 참석해서인지는 몰라도 마곡사 돌담길과 김구 선생의 명상 길을 걷고 있다는 사실이 실감이 안 났다.

그래도 김구 선생이 1896년 명성황후 시해사건과 관련한 일본군 중좌를 살해한 혐의로 1898년 마곡사에 속한 백련암白蓮庵을 찾아 입산, 삭발 수행한 곳이라는 데서 의미를 찾았다.

나는 지난 6월 심장수술을 받은 이후에 약간만 높아도 올라가지를 못했는데 오늘은 처음부터 갈수록 경사도가 심해 백련암까지 약 한 시간 코스를 힘겹게 올라갔다. 론 코스로 백련암에 도착한 나는 땀은 좀 많이 흘렸지만 큰 어려움 없이 목표점까지 올랐다는 기쁨을 만끽했다.

나는 백련암을 둘러보면서 이 나라 민족지도자였던 백범 선생의 정신을 마주하는 느낌을 받았다. 그래서 백범 선생의 민족정신을 영원히 기리기 위해 백범길, 명상산책길이란 명칭을 부여한 것이 아닌가 싶은 생각을 하면서 숨죽이고 오색이 찬란한 먼 산을 바라보았다.

백련암 전각은 ㄱ자 한 동으로 된 작은 건물이지만 우리나라 삼천리강산을 넘나든 민족의 거두인 백범 선생이 머문 곳이라는 데서 비로소 커다란 느낌을 받았다. 만추에 둘러싸인 백련암은 아름다운 태화산 중턱의 보금자리임을 실감케 한다. 누구라도 이 가을에 번거롭지 않은 백련암에 한 번쯤은 가보기를 바라는 마음이다.

긴 호흡을 하고난 나는 급경사를 단숨에 내려왔다. 6개월여 만에 속옷이 흠뻑 젖을 정도로 땀을 흘린 산행이지만 매우 기분이 좋았다. 이제는 "살았구나."하는 생각에서다.

회원들은 기념촬영도 하고 마곡사 전각들을 돌아보았다. 나는 우리나라에서 쉽게 볼 수 없는 2층으로 된 '대웅보전'의 특이한 건축물을 보았다. 천년고찰인 마곡사는 대한 불교 조계종 제6교구본사로 70여 개의 말사를 거느린 대사찰이다. '대웅보전' 등 보물과 문화재 자료가 많은 사찰로도 유명하다.

마곡사는 '춘春마곡 추秋갑사'라 하여 가을보다 봄에 상춘객을 유혹하는 빼어난 풍광을 자랑하는 것으로 알려져 있다.

군산을 출발하여 마곡사에 가는 도중 오경옥 여류시인으로부터 '허난설헌의 생애와 마곡사'에 대한 설명을 들었다. 오 시인은 무엇보다도 백범 선생이 백련암에서 수행 중 적어둔 시 한 편을 소개했는데 '인생의 역사'가 얼마나 중요한가를 새삼 느끼게 했다.

'답설야중거踏雪野中去: 눈 덮인 들판을 걸어갈 때, 불수호란행不須胡亂行: 어지럽게 함부로 걷지 마라, 금일아행적今日我行跡: 오늘 내가 가는 이 발자취가, 수작후인정遂作後人程: 뒷사람의 이정표가 될 것이니.' 이 시는 휴정 서산대사의 선시로 백범 김구 선생이 생전에 휘호로 즐겨 쓰신 것으로 알려졌다.

기억에 오래오래 남을 '인생행로'의 교훈으로 여김에 손색이 없을 것 같다. 모처럼 오찬을 즐기면서 아직은 술을 마셔서는 안 되지만 백련암까지 올랐다는 기쁨으로 막걸리를 몇 잔 마신 것도 기억에 남을 일이다.

(2013. 11.)

할 말이 없네요

"하도 기가 막혀 할 말이 없네요!", "할 말도 많고 생각도 많지만 오늘의 현실을 뭐라고 해야 좋을지를 모르기 때문이죠.", "세상 돌아가는 모습이 얽히고설킨 실타래보다 더 엉켜 있어 이를 어찌할 것인가를 생각하면 잠이 오질 않아요."

어느 촌로村老가 오늘의 세태를 본 심정을 털어놓은 말이다.

한 나라의 지도자를 중심으로 국민이 배부르고 등 따숩고 나라 걱정 안 해도 될 만큼 안정적 정국을 이끌어 간다면 뭐 하러 걱정을 할 것이며 내 먹고 살 일이나 걱정하면 될 일이지 않느냐는 것이다.

그런데 박근혜 대통령 취임 1년을 맞이하면서도 '안녕들 하십니까'등의 일들로 인해 조용한 정국이 아니라 1년 내내 중국 호떡집에 불난 듯 시끄럽지 않은 적이 없다는 데서 비롯된 것으로 여겨진다.

정국이 얽히기 시작한 것은 시도 때도 없이 '종북몰이'가 춤을 추기 시작하면서 국가정보원이 댓글작업을 통해 야당후보를 비방하는 등 낙선운동을 벌였다는 증거가 하나씩 불거지자 지난해 6월 여야의 국정조사 합의가 이루어지면서 국정원은 갑작스레 노무현 김정일 정상회의록을 공개했다.

정국의 수습이 아니라 일파만파의 문제만 키우는 꼴이 되고 있어

진정 나랏일을 걱정하는 사람들은 오늘은 또 무슨 일이 벌어지지나 않을까 우려하지 않을 수 없는 것이다.

국정원 댓글 사건, 북방한계선(NLL)과 관련한 종북몰이, 천주교 정의구현 사제단 신부들의 시국선언, 통합진보당 이석기 의원 구속과 당 해산심판 청구사건, 철도노조 파업으로 인한 시민불편, 철도노조 간부 체포를 위한 민주노총 사무실 기습사건, 심지어 며칠 전 서울역 인근 다리 위에서 발생한 40대 가장의 철도노조 파업과 대통령 퇴진 등을 내세우며 분신자살한 사건 등 굵직굵직한 사건들이 국민들의 마음을 헤집고 있다.

이러한 현상은 지난해 결국 한 대학생의 '안녕들 하십니까'라는 대자보를 통해 국민들에게 던진 메시지는 그야말로 전 국민이 갖는 우려와 분통의 마음을 대변해주는 것으로 받아들여 삽시간에 나라 전체로 퍼져 고등학생, 대학생, 일반인, 각급 사회단체 등 헤아릴 수 없는 반향을 불러일으켰다.

오늘의 현실을 짚어보는 많은 국민들은 왜 이런 현상에 동의하고 있는지를 박근혜 대통령을 포함한 위정자들은 결코 간과해서는 안 될 일이다.

국민들은 한 나라의 역사가 앞으로 곧게 나아가기를 바란다. 그러나 지금의 현실은 반대로 후퇴하는 느낌이다. 국민들은 이 느낌을 감추려 하지 않는다는 사실을 직시할 필요가 있다.

지난해 말 철도 노조 임원들이 몸을 사리고 있는 민주노총 사무실이 입주해 있는 경향신문사 유리문을 부수고 침입, 7시간의 수색을 벌였지만 허탕을 치고 말았다. 민주주의 국가에서 법치주의와 박 대통령의 원칙과 비정상을 정상화하겠다는 신년사에 우를 범한 짓은 아닌지 반문하고 싶은 심정이다.

국민은 사리판단은 물론 정치, 경제, 사회, 문화, 체육 할 것 없이 전반적으로 위정자들이 생각하는 이상의 일정 수준에 올라 있음을 알아야 한다.

그럼에도 불구하고 오늘날의 현실을 보면 조금만 진보적이거나 민주주의가 무색해지는 성싶어 각 사회단체 등에서 성명을 내면 종북몰이로 취급당하고 만다. 그러나 이것은 국민갈등만을 조장하는 것이 아닌가 싶다. 충분한 분석과 실증적인 사실을 확인한 후에 그에 상응하는 법적인 처벌을 해야 마땅하리라고 본다. 그런 사실이 가려진 후에 관계당국의 발표에 따라 종북이든 무엇이든 취급을 받는 것은 당연한 일이지만 그렇지 않은 경우는 얼마나 억울한 일이며 그로 인한 피해는 어떻게 보상하겠느냐는 지적이다.

그렇기 때문에 함부로 종북몰이를 해서는 안 되는 것이다.

지금 우리 사회는 과거 유신 시절을 떠올리지 않을 수 없다. 과거로 회귀하는 역사는 역사가 용납하지 않을 것이며 미래지향적인 역사와 함께 국민이 현실을 지켜보고 있는 만큼 '불통령'을 '소통령'으로 만드는 직언을 하여 국민으로부터 추앙받는 대통령이 되도록 해야 한다.

그럴 때만이 국민의 입장을 저버리지 않는 결과를 가져온다.

대망의 2014년 갑오년 '말'해는 국민의 마음이 어디에 있는가를 통찰하여 "할 말이 없네요."가 아니라 "안녕합니다."라는 말이 나오도록 했으면 하는 마음이다.

(2013. 1.)

새만금과 더불어 30년 인생 김철규

『범 씨 천년도읍지 새만금 땅』을 중심으로

머리말

필자는 새만금 사업과 깊은 인연을 갖고 있다. 오늘날 '새만금'이라는 이름을 만들어내는 데 있어서 원인 제공을 한 사람이기 때문이다.

『전북일보』 기자로 재직 당시인 1978년 여름 서해안 지도를 바꾸는 대단위 간척사업을 통해 국토확장과 식량안보 차원의 두 가지 문제를 해결하자는 취지에서 국가 정책기사를 쓰기 시작한 데서 비롯되었다.

이때부터 1982년 당시 황인성 전북지사가 재임하는 동안 무려 5년에 가까운 보도를 계속했다. 황 지사가 농림부장관으로 자리를 옮기면서 본인이 주장하는 서해안 대단위 간척사업이 검토되기 시작했다.

이로부터 10년 가까운 세월 끝에 정치권의 쟁점으로 부상하면서 1990년 연말에 당시 김대중 야당총재와 노태우 대통령의 청와대 영수회담에서 담판 끝에 1991년도 국가사업으로 하겠다는 합의를 이끌어냈다.

노태우 정부는 1991년 11월 28일 변산반도 대항리 현지에서 역사적인 기공식을 가졌다.

이렇게 시작된 '새만금사업'은 우선 제1차 사업으로 방조제공사를 했다. 이 제방 공사는 무려 20년에 가까운 기간에 온갖 질곡을 헤매인 끝에 지난 2010년 4월 27일 준공식을 갖고 개통했다.

이것은 제방 완공에 불과한 것이고 이제 남은 것은 내부개발 문제이다. 현재는 기본설계를 마치고 실시 용역단계로 진행 중인 것으로 알려져 있다.

그리고 바깥쪽인 외부에 건설할 외항문제는 설계용역단계에 머물러 있는 것으로 파악되고 있다.

한편 새만금사업과 관련한 사업의 일환인 신시도에서 무녀도, 선유도, 장자도를 연결하는 공사는 예정대로 진행하고 있다.

새만금사업과 관련하여 시행할 모든 사업이 마무리되려면 앞으로 최소한 10~20년은 소요될 것으로 전망하고 있다. 이는 민자 유치라는 난제가 있기 때문이다.

국책사업 기사를 쓰기까지

참으로 말도 많고 탈도 많은 새만금 사업. 본인이 이러한 국가적 사업에 대한 기사를 쓸 때에는 기자로서의 종합적 판단에 의해 최종 결심을 하고 시작한 것이다.

삼면이 바다인 우리나라에 좁은 국토확장의 대상지는 서해안뿐이라는 판단은 어려운 일이 아니고 적지임을 내세워 실행에 옮길 수 있는 방법과 그의 타당성 등 종합적인 대안 제시가 문제라고 보았다.

필자는 고향이 고군산 군도인 야미도이기 때문에 군산에서 중학교에 다닐 때부터 잦은 왕래에서 군산비행장 앞과 계화도 앞 등의 썰물 때면 광활한 사주(모래밭)를 확인할 수가 있었다. 어려서부터 언젠가는 육지를 만들 수 있겠다는 잠재의식이 있어 더욱 가능 지역으로 본 것이다.

이를 바탕으로 다방면의 여론 수렴 등을 참고하여 기사를 계속 내보냈다.

필자는 언론인의 사활을 걸고 기사를 쓰면서도 정부에서 아무런 반응이 없으면 무위로 끝날 수도 있겠다는 절망적인 생각도 있었지만 그래도 계속 쓰자는 신념에 찬 의지를 굽힐 수 없다는 각오였다.

드디어는 신문기자로서 정부정책기사를 쓴 것이 정부에 반영이 되고 기공식에는 도민의 대표인 전북도의회 의장으로서 대통령과 함께 테이프 커팅을 했다.

내 생애 최대의 보람이요 영광이며 이 이상의 가치를 무엇에 비교하겠는가를 생각하면서 '새만금사업'의 완공을 언제나 축원하는 마음이다.

새만금 개발 전략에 관한 연구

필자는 1990년 군산방송국 공개홀에서 '군옥지역 개발에 따른 토론회'를 개최하는 등 군산시민들에게 새만금사업의 발전 방향을 제시한 바 있다.

당시 전북대학교 형성우 교수 외 1명과 함께 2명에게 새만금사업과 군산과의 발전을 연계시켜 개발할 수 있는 종합대책에 대해 사적으로 용역을 주어 '새만금개발전략'을 제시한 것이다.

필자는 큰 틀에서 군산을 중심한 대단위 간척지를 건설하자는 것일 뿐 어떤 방법에 의해 어느 범위로 또는 내부개발의 내용 등에 관해서는 전문가의 의견이 필요하기 때문에 용역을 주어 토론회를 개최한 것이다.

필자가 당초 구상한 것은 우선 1차적으로 군산에서 출발하여 고군산을 거쳐 변산반도로 연결하는 방조제를 건설하자는 안이었다.

방조제가 완공이 되면 내측에 13km에 달하는 세계 최장의 공항(여객터미널과 화물터미널로 구분 사용)을 건설하여 음속 마하로 달리는 최신예, 초대형 항공기의 자유스런 이·착륙이 가능토록 하자는 것이다.

또한 최첨단 과학단지조성이다. IT산업의 원자재 공급을 미국을 포함한 유럽지역에서 화물항공을 이용, 수송해오면 이곳에서 완공을 시켜 중국 등지로 운송을 한다는 것이다.

한쪽엔 산업인력을 포함한 영농 등에 따른 주민들의 신도시 건설이 필요하다.

이외에 만경강을 운하로 건설하여 제방에서 망해사 경유, 청하대교까지 올라갔다가 내려올 때는 회현면의 오봉 마을을 거쳐 제방으로 오도록 했으면 했다.

제방 밖으로는 '군산 새만금 외항' 건설이다. 최소한 50만 톤급의 외항선이 입출항할 수 있도록 하자는 것이다.

마지막으로 국제 관광벨트를 조성, 세계적인 관광명소로 각광을 받을 것으로 분석했다. 그러나 1991년 11월에 기공식과 더불어 15년여가 흐르는 사이 많은 변화에 따라 내·외부 개발계획이 상당한 차이점을 보이고 있다.

필자는 2004년 서울대학교 행정대학원 국가정책과정을 이수하면서 '새만금사업'과 관련하여 새로 정리한 내용을 담은 논문을 제출했다.

그 논문이 「새만금 개발전략에 관한 연구」이며 이 소책자에 이의 개요를 담았다.

이 논문에는 '새만금'의 지리적 배경과 개발환경, 물류기지는 물론, 신항만(신항만의 명칭은 현재 각 언론들이 '새만금 신항'이라는 이름을 사용하고 있으나 이는 대단히 잘못 사용하는 것이다. 항만은 국제적 표기가 중요하기 때문에 쉽게 바꿀 수 없는데다 기존의 지명에다 첨가하는 명칭을 사용해야 한다. 그렇다면 '군산 새만금 신항'하면 되는 것이다. 지금부터라도 '군산 새만금 신항'으로 고쳐 불러야 마땅하며 옳은 명칭을 사용하는 것이다.), 신공항, 산업 과학단지, 국제 관광지, 기업도시의 형성, 즉 산업인력 등을 수용할 주거지역을 말하는 것이다.

개발과 관련해서는 '친환경'이 주요 쟁점으로 떠오른다. 그래서 철저한 '친환경'을 토대로 하는 모든 내부 개발 사업은 근본적으로 친환경적 기본설계를 요구하고 있다.

다음으론 생태도시건설이다. 이 생태도시건설은 21세기에서의 신개발사업으로 영국, 독일, 일본 등지에서는 지방자치정부에서부터 중소도시를 중심으로 시행의 접근을 시도하고 있다.

우리나라의 경우도 '새만금'지역 개발은 천지개벽을 이루는 사업이라는 점에서도 30년, 50년, 1백 년을 내다보고 '친환경'과 '생태도시' 건설이라는 차원에서 이를 기본설계에 포함시키지 않으면 안 된다고 생각한 것이다.

특히 농지조성과 만경강의 수역과 저수지 확보 등도 대단히 중요한 부분임을 강조하며 이의 설계에 관심이 높아지고 있다.

새만금 배후세력 고군산 열도

'새만금'의 내측은 군산시와 김제시, 부안군으로 둘러져 있다. 그러나 외측은 고군산 열도와 망망대해인 서해이다.

그래서 '새만금'의 병풍역할을 하는 것은 고군산이기 때문에 『범씨 천년 도읍지 새만금 땅』 책을 발간하면서 본인이 직접 섬마다 현지 취재를 하여 『전북일보』에 「섬…섬…섬」 제목으로 연재한 내용을 전문 수록했다.

'새만금'을 안고 있는 배후세력들이 어떤 형국으로 이루어져 있는가를 쉽게 파악할 수 있도록 하기 위해 이 책에 포함시킨 것이다.

이들 '섬'들은 약 1년여에 걸쳐 당시 도내에 소재한 유인 도서 전체를 현지 르포하여 약 30년 전의 생활모습과 '섬'마다의 역사를 기록했기 때문에 참고가 되리라고 생각한다.

특히 당시는 외딴 '섬'이었지만 지금은 육지로 변한 곳이 내초도, 오식도, 비응도, 야미도, 신시도가 있다. 이들 '섬'들은 군산 산업단지 조성과 '새만금' 제방이 완공됨에 따라 육지가 된 것이다.

또 한 가지 빼놓을 수 없는 것이 『정감록』에 나타난 기록을 보면 고 군산지역은 언젠가는 '범씨 천년 도읍지凡氏 千年都邑地'로 변하여 도성都城이 될 것이라는 전설 같은 구전이 내려오고 있음을 본인은 어려서부터 들어왔다.

그래서 굳이 속설적인 구전을 분석해본다면 고군산 전체와 '섬'마다의 역사를 음미해볼 필요가 있음을 알려드린다.

'40명의 목소리', 군산을 기대한다

군산 출신이거나 군산에서 기관 단체장을 지내는 인사들을 찾아 '새만금'사업과 관련하여 어떤 목소리를 내는지에 대해 인터뷰를 통해 청취한 내용이다.

출향했거나 당시 군산에 거주하는 이들은 '새만금'사업은 진행이 되고 있지만 무엇이 어떻게 이루어지는지에 대해 자신들의 의견이나 목소리를 한번 내고 싶은데 기회가 없었다며 한 마디씩 토로했다.

대표적으로 군산 출신으로 서울에 거주하는 김판술 선생(3선 국회의원, 보건사회부 장관)이 어느 날 군산을 찾았음을 알고 찾아가 인터뷰를 하는 데 성공했다.(시간 관계로 즉흥적인 인터뷰)

40명 중에는 이런 분들이 몇 분 있었다. 이는 필자가 군산신문 대표이사로 재직할 때에 이루어진 것이다. 또한 이분들의 인터뷰 내용은 군산신문에 전문 수록했다.

이렇게 지도층 인사들을 인터뷰하여 신문에 연재한 것은 21세기에 접어든 군산시에는 '새만금'사업과 관련하여 어떤 방향으로 개발이 되어져야 하며 시민들의 마음가짐은 어떠해야 하는지 등을 종합 분석하고자 인터뷰를 시도한 것이다.

특히 이 책에 전원 의견을 수록한 것은 『범 씨 천년도읍지 새만금 땅』 책 한 권이면 '새만금'을 파악하는 데 참고가 되지 않을까 해서다.

역사적인 새만금 간척종합개발 기공식 테이프 커팅에 참석한 김철규(원내)

맺는말

모두에 밝힌 필자의 의지와 신념으로 '새만금'이라는 역사적 국가사업은 '천지개벽'을 이루었다.

필자로서는 30년의 짧지 않은 역사 속에서 서해안의 지도를 바꿔야 "이 나라에 희망이 있다."고 주창한 일념이 제방 완공이라는 부분 결실을 맺기까지 온갖 노력을 아끼지 않았다.

그러나 필자가 구상한 대로의 진행은 아니라도 큰 틀에서는 신항만, IT산업(최첨단 과학단지), 주거지역(신도시), 국제관광벨트조성 등이 포함된 것은 다행스러운 일로서 꼭 실현되기를 기대한다.

다만 가장 큰 문제인 신공항건설계획이 빠져 있는 것은 유감스럽지 않을 수 없다.

이 공항이 건설되면 세계적인 공항이 될 것이며 여객, 화물의 대형 비행기의 이·착륙이 자유스러울 뿐만 아니라 미국 등 서구에서 원자재공급을 받아 '새만금'지역의 산업단지에서 가공하여 중국 등지로 수송하는 거점 역할이 충분한데도 빠트린 것은 예산보다도 정치적 영향이 아닌가 하는 서글픔을 떨쳐 버릴 수가 없다.

결론적으로 이 책 한 권이면 '새만금'과 관련하여 충분치는 못하지만 개념 정도는 파악되리라 여겨진다.

필자는 졸필이지만 수필을 쓰고 있어 평소 기억에 남는 분들을 선택적으로 적어본 글들이다. 끝으로는 필자의 정치인생 20년의 질곡을 그냥 넘길 수가 없어 4편으로 나누어 개략적으로 정리한 것이다.

(2012. 5.)

군산을 사랑하는 사람들

진정 군산을 사랑하는 사람들은 왠일인지 부끄러워한다.

무엇이 부끄럽기에 떳떳하게 고개를 들 수 없다는 것인지 쉽게 이해가 안 갔다.

들어본즉슨 개항 1백 년을 훨씬 넘기고 인구 30만을 훨씬 넘겨 전북에서 전주 다음가는 두 번째 도시를 자랑했으며, 전북의 경제를 좌우했던 군산시가 요즘엔 갖가지 말썽만 무성할 뿐 비전이 무엇이냐는 것이다.

지방자치 시대가 열리면서 시장, 시의원 선거를 몇 번에 걸쳐 치렀지만 시장의 경우 중도하차를 하거나 구속 수감되는 등 불미스러운 일로 점철되었으니 이게 무슨 망신이냐는 것이다.

선거법 위반이든 뇌물죄가 되든 중간에 물러나지 않으면 안 되는 사건들로 휩싸였음에는 틀림없는 일이다.

사건이 발생할 때마다 시민의 입장은 아랑곳하지 않고 당사자들의 입장만 생각한 결과가 가져다 준 일이다.

이럴 때마다 시민들은 마음 졸이며 불안하기까지 하는 등 외지 사람들을 만나면 정말 할 말이 없다는 것이다.

30년 만에 풀뿌리 민주주의를 찾자며 당시 야당의 끈질긴 노력 끝에 얻어진 결과물이 지방자치단체 부활로 인한 선거인데 단체장인 시장이 그러한 부끄러운 선물(?)을 시민들에게 주었으니 시민들의 마음이 오죽했겠느냐는 여론이다.

외지에서 군산시를 찾는 사람들은 옛 군산이나 지금이나 크게 발전한 것이 없다며 꼬집으면 그래도 무엇도 있고 무엇도 있다고 들이대며 설명을 늘어놓을 때마다 비웃기 일쑤다.

그런가 하면 대통령 실장도 75세가 넘은 사람이지만 군산시장도 그 연령대라며 나이를 들먹이고 있어 더 할 말이 없다는 것.

정말 나이가 문제인 것인지 건강이 문제인 것인지 쉽게 헤아리기는 어려운 일이지만 현재 군산시장이 전국에서 최고령자라는 말들이고 보면 시민들로서는 한 번쯤 충분히 생각해볼 문제임엔 틀림없는 것 같다.

당사자는 어떻게 생각할지 누구도 모를 일이지만 시민들의 여론이나 시각이 어떤지에 대해서는 충분히 검토해 볼 문제일 것으로 보여진다.

시정 운영에 대한 잘잘못을 떠나 또는 업적이 여하한지에 대해서는 후세들이 판단할 일이지만 우선 시장선거가 내년 6월로 이제 9개월여밖에는 안 남은 시점이어서 검토의 시기가 다가오는 것이 아닌가 싶을 뿐이다.

시민의 마음을 헤아리는 것은 정치와 직결되는 문제라서 참으로 중요하다는 사실을 직시할 필요가 있다.

군산을 사랑하는 사람들을 생각하면서….

(2013.7.)

동장군冬將軍은 마음까지 꽁꽁…

"동장군의 기승이 사람 잡는다."는 소리가 여기저기 널려 있다.

"해도해도 너무한다."우리나라에 몰아닥친 한파가 그칠 줄 모르고 북풍한설北風寒雪을 연타하는 데서 나오는 한숨 소리들이다.

정말 너무 춥다. 마음도 몸도 모두 옴츠러들었다. 평상시의 생활 자체가 옴츠러들다 못해 쭈그러들었다. 이러한 현상도 경제 환경에 따라 다른 모습으로 나타난다.

이번 겨울은 동장군이 삼한사온三寒四溫은 아예 무시해버리고 가장 민주적으로 하고 싶은 대로 하고 있다. 자연의 섭리에 따른 일이거늘 인간의 제어능력은 한계가 있다.

돈 많은 부자들이야 보온 장치 속에서 살아가니 하등의 어려움을 느낄 필요가 없을 것이다. 그래도 춥지 않은 것만은 못하겠지만. 민초 서민들은 감당할 길이 없어 쪼그랑 박적이 되어도 견디어내야만 하는 숙명적인 일일 것이다.

특히 재래시장에서는 모닥불을 피워놓고 손님을 기다리지만 사람은 오지 않고 동장군만 엄습하고 있다. 아침저녁 출퇴근 시간이 되면 대중교통을 이용하려는 직장인들은 대부분 서민들로 이리 뛰고 저리 뛰면서 승·하차를 위해 신이 밟히고 옷이 당겨지는 등 영화 같은 장면들이 연출되고 있다.

제아무리 겹겹이 옷을 껴입고 보온을 하지만 동장군을 이겨낼 힘은 역부족이다. 귀마개, 목도리, 모자 등 서민들의 흔한 겨울 모습들이다. 이에 반해 경제력이 있는 사람들이야 굳이 그런 모습이 필요 없을 것이다.

이토록 우리가 살아가는 모습은 누구를 탓할 수가 없는 일로 치부하고 말지만 백화점이나 쇼핑센터에 가보면 옷차림 자체가 다르다.

빈부의 차이도 확연하지만 얼굴색이 다른 것을 볼 수도 있다. 이러한 모습들이야 어제 오늘의 일이 아니라는 사실을 모두는 잘 알고 있을 것이다. 그렇기 때문에 경제력을 쌓기 위해 동분서주하며 직장인들은 직장인들 나름대로의 근검절약하는 마음, 상인들은 상인들 나름대로의 절약과 한 푼이라도 더 벌기 위해 혹한도 견디어내면서 아침부터 저녁까지 가게를 지키고 있는 것이다. 안타까운 모습이다.

서울이나 지방이나 모두가 마찬가지이다. 우선 군산의 새벽시장(구 역전 반짝시장)에 가보면 요즘 같은 혹한이 휘몰아치는 새벽에도 허리 굽은 할머니들이 농산물 몇천 원어치, 생선 몇 마리, 아니면 푸성귀라도 들고 나와 길거리에 펴놓고 팔고 있다.

그런가 하면 '입'이 제대로 벌어지지도 않은 채 "명태 세 마리에 오천 원"하며 외마디를 지르고 있다. 이것이 우리들의 참된 삶의 실상이다.

그런데도 이들 거리는 한산하기만 하다. 그나마 주로 서민들이 찾는 이 거리에 동장군이 훼방을 놓아 찾아오는 사람들이 없으니 '이 노릇을 어이 할꼬'하는 한숨 소리만 들릴 뿐이다.

"굴절된 삶이 이토록 어렵고 터널이 길 줄 몰랐다."는 김 모씨(60

노점상)는 "동장군이 어서 물러가고 따스한 햇빛이 들면 살 것 같다." 고 푸념한다. 진정 이들이 '바라는 것일 거'라는 생각이 마음을 졸라맨다. 그러나 지구의 온난화 현상이 가져다준 결과물이라는 데에 부닥치고 보면 인간들이 자초한 일들인 만큼 누구를 탓할 수가 없는 일이다.

그러기에 결국은 인간이 만들어낸 과학문명에 의한 오늘의 폐해를 감수해야 하는 현실인데 이 또한 서민들의 몫으로 넘겨진다는 데 문제가 있다.

이런 과학문명의 발달도 좋으나 인류사회에 미치는 영향이 더욱 커지는 상황을 이겨내기 위해 세계는 무해한 에너지 개발에 박차를 가하고 있는 것이다. 우리나라도 풍력발전을 비롯한 이산화탄소 등으로부터 해방의 꿈을 안고 과학자들이 밤잠을 이루지 못하며 연구에 연구를 거듭하고 있는 것이다.

자업자득自業自得이란 말이 있다. 자기가 저지른 일은 자신의 과보로 받아들여야 한다는 말이다. 누구를 탓할 수가 없는 오늘의 자연현상은 인간 모두가 저지른 결과물이라는 사실로 받아들여야 할 것이다.

이처럼 난마 같은 세상살이에 이번 겨울 같은 동장군이 몰고 온 혹한의 길기만 한 나날에 연탄 한 장이 없어 때 묻은 이불만 덮고 사는 독거노인들은 과연 어떤 처지에 있는지 삶의 누비질이 절실한 실정이다.

이렇게 혹한에 몰리고 몰린 서민들의 마음은 꽁꽁 얼어붙어 있을 것이다. 우리 모두는 서민들이, 그중에서도 몸도 마음도 빙고氷庫 직전에 놓인 이웃이 없는지 살펴보아야 한다.

제발 세상 사는 것이 좀 더 공평하며 돈 많은 사람들이 서민들을 살필 줄 아는 '인간평등사회'가 되었으면 하는 마음은 우리 국민 모두의 바람일 것이다. 이것이 경제민주화의 본질이다.

설 명절이 눈앞에 다가오고 있다. 물가는 하늘 높은 줄 모르고 동장군의 영향으로 마음까지 얼어붙고 서민들은 호주머니 방향타를 잃고 있다. 과연 설 명절의 차례는 어떤 실상일까. 정말 점치기 어렵다.

2013년 한 해도 국제적으로나 국내의 경제 전망치는 그리 밝은 표정이 아닌 성싶다. 새 정부가 출발하는 오는 2월부터는 희망을 기대하지만 과연 어디까지 내디딜지 아직은 미지수로 보인다.

하루속히 동장군이 물러가고 서민들의 앞가슴이 활짝 펴지는 포근한 날이 돌아오기를 손꼽아 기다린다.

(2013.12.)

깔딱고개의 쓴맛

사람이 한평생을 살다 보면 좋은 일, 궂은일, 만고풍상을 다 겪기 마련이다. 이는 사회적 신분에도 관계가 없고 재벌과 서민과도 아무런 관계가 없는 일이다.

잘난 사람도 못난 사람도 어느 누구도 차별 없이 한 번쯤은 거쳐 가는 인생 코스인 것 같다. 물론 영욕의 굴곡 없이 평범한 가운데서 자기 인생을 아름답게 장식하는 사람도 있을 것이다.

신분과 돈의 사이에서 갈등을 겪는 사람도 있을 법하다. 미래사회로 갈수록 이런 현상은 더욱 두드러지게 나타날 것으로 보여진다. 여성의 경우도 예외는 아닐 것 같다.

이 같은 범주에 들어 있는 필자는 지난 9월 1일 군산불교 도솔산악회 회장(사찰 전문 순례산악회)으로서 불심으로 가득 찬 남녀 47명과 함께 우리나라 사찰 중 가장 높은 곳에 자리한 봉정암鳳頂庵(설악산 대청봉 바로 아래에 위치함, 해발 1,244m)에 1박 2일로 다녀왔다.

봉정암은 강원도 인제군 북면 용대2리 690번지에 위치하고 있다. 전두환 전 대통령의 은둔처였던 대한불교 조계종 백담사 말사로 약 12km 위로 가면 대청봉 바로 밑에 있다.

108산사 순례 시
정법사에서

이 봉정암은 당나라 때 중국 청량산에서 21일간의 기도를 마치고 문수보살로부터 부처님의 진신사리眞身舍利와 금란가사를 받고 귀국한 자장율사에 의해 창건된 뒤 신라 문무왕 17년(서기 667년)에 원효대사가 불연佛緣이 깃든 성지를 순례하다가 이곳에 머물며 암자를 새로 지었고 고려 중기인 1188년에는 보조국사 지눌 스님이 참배하고 중건했다고 기록되어 있다.

특히 유명한 것은 자장율사가 처음에는 금강산으로 들어가 불사리佛舍利를 봉안할 곳을 찾던 중 어디선가 찬란한 오색 빛과 함께 날아온 봉황새가 스님을 인도하여 한참을 따라가다 바위가 병풍처럼 둘러쳐진 곳에 이르렀다.

이곳까지 인도한 봉황은 한 바위꼭대기에서 사라졌다. 그 모습이 봉황처럼, 부처님처럼 생긴 바위로 보여 이곳에 부처님의 사리를 모실 인연 처임을 깨닫고 탑을 세워 부처님 사리를 봉안하고 조그마한 암자를 세웠다. 이때가 선덕여왕 13년(서기644년)이다.

그 뒤 5층 석탑을 만들어 이곳에 부처님의 뇌사리腦舍利를 봉안했다고 해서 불뇌보탑佛腦寶塔 또는 불뇌사리보탑佛腦舍利寶塔이라 불린다. 바위를 뚫고나온 형상을 한 탑 앞에 서면 대청봉 정상에 세운 정신의 불심과 형상의 신묘함에 감탄과 숙연함이 우러나온다는 것이다.

또한 봉정암은 부처님의 진신사리를 모신 법당이 있어 이를 적멸보궁寂滅寶宮이라 한다.

전국 사찰 5군데인 설악산 봉정암, 경남 양산 통도사, 오대산의 상원사, 영월 사자산 법흥사, 태백산 정암사만이 부처님 진신사리를 모시고 있다. 이곳은 적멸보궁을 갖고 있으며 사찰 중의 사찰로 이곳에서의 참배는 부처님의 친견과 같은 의미를 지닌다.

백담사에서 대청봉을 향하는 내설악은 최고의 절경을 이루는 용아장성 기암괴석 군을 이루고 5월 하순에도 설화雪花를 볼 수 있다고 한다.

이토록 유명한 명찰의 봉정암 본사인 백담사에서 총칼로 인명을 수없이 사살한 대가로 정권을 찬탈한 전두환 전 대통령은 임기만료와 함께 감옥생활을 하는 등 숱한 역경을 넘어 백담사에서 부부가 함께 은둔생활을 하게 된다. 1989년 5월 21일에는 1백일간의 기도를 마치고 오전 11시경 부부가 수행원과 함께 간편한 등산복 차림으로 봉정암을 약 5시간에 걸쳐 올라갔다.

도착 즉시 법당을 찾아 예불을 마친 뒤 거처할 방을 둘러보기도 했다. 전 전 대통령은 암자 뒤편에 있는 옹달샘에서 세면을 하는 등 비교적 건강한 모습과 여유를 보이기도 했다.

또한 약간의 휴식을 취한 후 인근에 있는 5층 석탑에서 과거의 잘못을 뉘우치는 탑돌이를 하기도 했다고 한다.

과연 전 전 대통령은 법당에서의 기도와 탑돌이를 하면서 나쁜 짓을 한 잘못을 얼마나 빌었는지는 아무도 알 수 없을 것이다. 부처님 앞에서 거짓말 기도를 하면 안 되는데….

도솔 가족들은 10시부터 봉정암을 향해 열심히 올라갔다. 올라가는 코스 계곡 양쪽의 풍광은 수려함의 극치였다.

또한 물이 많아 폭포수는 오묘함을 품은 물안개를 마음껏 풍미하며 거침없는 춤의 나래를 만끽하고 있다.

필자는 체력의 한계였는지 맨 꼴찌로 오르게 됐다. 정말 힘겹게 오르는 모습을 처음부터 지켜본 김동만 금강여행사 사장(63)과 한복님 여사(67, 군산시 영화동 25-13, 동명식당 대표) 두 회원이 불의의 사고에 대비해 필자 옆을 떠나지 않으며 보호해주어 정말 고마웠다.

한 발을 떼려면 천근만근이나 무거운 몸을 옮기는 것 같았다. 마지막 어려운 코스로 일컬어지는 '깔딱고개(숨이 끊어지기 직전의 상태를 가리키는 고개)'를 넘어야 한다. 눈앞이 캄캄했다.

시작은 했으나 그냥 주저앉아 펑펑 울고 싶은 마음뿐이다. 때마침 비는 주룩주룩 쏟아지고.

천신만고 끝에 깔딱고개를 넘어서면 봉정암이 보인다는 말에 속아 계속적으로 더 올라가기로 하고 비를 맞으면서 돌 위에 주저앉았더니 순간 2~3초 눈이 감겨 깜짝 놀라 일어서기도 했다.

때마침 임용해 부회장(군산 대한노인회 관리부장, 66)이 내려와 등산 백을 가져가며 발걸음을 도와주어 간신히 봉정암에 도착했다.

어둠발이 들기 시작하는 6시였다. 전원 무사히 봉정암에 도착하여 저녁 식사를 마치고 자유 시간 속에서 일행들은 이곳저곳을 돌아다니며 기도를 했다.

저녁 봉정암에서 자는 신도는 무려 8백여 명이라고 했다.

필자가 이토록 봉정암에 관한 내용들을 자세히 열거한 것은 '깔딱고개'를 넘을 때의 마음처럼 인내忍耐와 인고忍苦는 우리들의 삶에 절대적이며 특히 청소년들은 인생의 화두로 삼아야 하지 않겠는가 하는 생각에서다.

(2012. 9.)

사모곡思母曲

내 어머니의 바다 같은 마음은 천상천하天上天下에서 하나뿐이다. 어머니의 마음이 그러하기에 나는 목이 터져라 그리움의 노래를 부른다.

그리고 어머니 생각이 날 때면 이불을 뒤집어쓰고 목 놓아 '어머니' 하고 부르며 한없이 눈물을 쏟아낸다. '어머니'하는 외마디의 '말'을 가슴에 안고 절벽에서 낙화落花하는 심정이다.

어머니에 대한 그리움은, 그리고 그 '정'은 금은보화를 주어도 바꿀 수 없는 마음이다. 나뿐 아니라 어느 자식이든 똑같은 마음일 것이다.

나는 초등학교 6학년(13세) 때 어머니를 여의었다. 상급학교인 중학교에 진학하려면 고향이 섬이라 군산으로 유학해야 하기 때문에 미리미리 준비를 해야만 했다.

그런데 어머니께서 11월 초순에 세상을 하직하신 것이다. 나는 워낙 철이 없는 터라 가정의 심각함보다는 군산 유학에 더욱 관심이 컸다.

그러나 부친께서는 가업이 어업인지라 내년 봄 어장 준비로 바쁜 데다가 어머니가 안 계시므로 집안일에 등한시하는 느낌이었다.

긴 겨울을 지나 봄이 되면서 부친은 어장 준비, 나는 군산 유학 준비로 바빴다. 이때만 해도 어린 탓에 동생이 5명이나 되는데 동생들보다는 중학교 진학에 온갖 신경이 쓰였다.

부친께서는 봄 어장 준비를 위해 군산에 나와야 하기 때문에 우리배(안강망 어선)를 이용해서 군산으로 오는데 바람이 너무 불어 두 번의 실패 후 세 번째에 비로소 올 수 있었다.

내 고향 야미도의 일명 큰산에 올라가 뭍을 그리워하며 바라보았다. 군산 땅을 밟고 중학교에 입학하게 되었으니 군산 유학이 시작된 것이다.

막상 군산에서 중학교에 진학하고 보니 어머니 생각이 자꾸만 났다. 하숙집에서 제아무리 좋은 반찬에 밥을 주어도 집에서 먹던 어머니가 해주신 그 밥이 그리웠다.

그래도 공부를 해야 한다는 일념에서 모든 것을 다 잊기로 하고 오직 공부에 매달렸다.

그것도 잠깐 중학교 2학년 2학기부터는 더 이상 부친으로부터의 학비조달이 어려워졌다. 나는 오늘의 아르바이트인 고학을 시작하여 중·고 그리고 서울에서 대학교에 다녔다.

신문기자로 사회생활을 시작한 나는 어렵고 괴로울 때보다는 즐거움이 있을 때면 어머니 생각이 더욱 났다.

저녁 퇴근 후에 어울려 술을 마시고 집에 들어가서 문득 어머니 생각이 나면 혼자서 조용히 이불 속에 들어가 한없이 울었다.

그렇게도 어머니가 그리운 것인지 나도 모르게 '어머니'하며 주체하지 못할 만큼 눈물을 쏟았다.

사무치게 그리운 어머니 생각에 한바탕 눈물을 쏟아내면 그렇게도 마음이 후련하고 막힌 숨통이 트이는 기분이었다.

언론인 생활 23년여를 마치고 정치에 입문하여 1991년 전북도의회에 진출, 초대 의장의 영광을 안았을 때도 나는 감회와 함께 어머니를 생각하며 영광의 눈물을 남몰래 훔쳤다.

커다란 정치적 꿈을 안고 군산시장에 출마를 시도했으나 후보공천에서 3번, 본선에서 한 번 등 4번의 선거를 치르면서 기쁨보다는 괴롭고 슬픔이 수없이 많아 이때마다 술을 마시고 나면 어머니가 그리워 견딜 수가 없었다. 교회의 성전에서, 공원의 벤치에서, 금강하구둑에서, 어쩌다 선술집 한모퉁이에서, 그것도 모자라 집에 와서는 이불 속에 들어가 "어머니 왜 나를 버리셨나요."하고 울부짖으며 원망의 눈물을 쏟아냈다.

이제 세 자녀가 모두 결혼하여 외손자 세 명, 외손녀 한 명 등 네 명과 친손자(13세 초등학교 6학년) 한 명이 든든한 버팀목이 되고 있다.

지금은 괴롭고 외로움보다는 즐거움으로 충만할 수도 있으며 영원한 동반자가 옆을 지켜주는데도 어머니 생각이 그치질 않는다.

생각하면 생각할수록 어머니에 대한 그리움은 더욱 사무친다.

나는 이제 정치를 이미 정리하고 글을 쓰는 데 정진하고 있다. 글을 쓰다 보면 머리를 스쳐가는 어머니를 그리는 사모의 정은 절절해 떨칠 수가 없는 일들만 아른거린다.

내 나이 70이 넘었지만 어머니에 대한 상념은 식을 줄을 모르고 때로는 북받쳐 가슴을 메이는 때도 있음을 부인할 수 없다. 나 같은 경우도 많겠지만 어머니를 찾아 헤매는 더 어려운 처지의 사람들도 숫자를 헤아릴 수 없이 많을 것이다.

불가에서 말하는 삼라만상의 그늘에서 생명줄을 이어가는 처절한 슬픔을 겪는 사람도 헤아릴 수 없을 것이다. 그에 견주어 본다면 나는 얼마나 행복을 차지하고 있는가를 떨쳐버리면 안 될 것이다.

그러나 우리 사회는 부모형제를 살해하는가 하면 법적인 소송으로 얼룩진 가족의 추태를 우리는 얼마든지 보고 있다.

이제는 가정이나 사회나 사람이 사는 곳이면 그리움과 정으로 똘똘 뭉친 사회가 이루어졌으면 한다.

이제 어머니를 생각하는 마음으로 형제자매는 물론, 이웃을 포함한 모든 사람을 대상으로 하는 인류애를 가졌으면 한다.

(2012. 10.)

3부
해당화가 그립습니다

고군산 선유도에서

희망의 신년 인사회

군산상공회의소(회장 이현호)가 주최하는 2014년 갑오년 새해 신년인사회가 7일 오전 11시 군산 리츠프라자 호텔에서 군산시 상공인과 각급 기관장, 사회단체장 등 350여 명이 참석한 가운데 성대히 거행됐다.

이날 행사에는 이현호 회장이 맨 먼저 나온 뒤를 이어 군장대학교 이승우 총장, 박종서 전 연합통신 전북지사장(언론인), 이만수 전 군산시의회 의장 등 순으로 참석, 참여하는 인사들을 맞아 "새해 복 많이 받으십시오."하며 새해 첫 인사를 나누었다.

행사장에 입장하는 순서대로 열을 지어가며 인사를 나누는 모습은 모두가 환한 표정들이었다. 참석한 이들은 불과 30여 분 사이에 행사장 한 바퀴를 돌아 두 바퀴로 이어졌다. 모두가 자리에 앉으면서 인사회는 시작되었다.

신년사를 통해 이현호 회장은 "지역과 경제발전에 밤낮으로 애쓰고 있는 상공인들에게 존경과 감사를 드린다."고 전제하고, "27만 8,319명 시민의 건강과 행복을 기원한다."고 인사말을 했다.

이 회장은 이어 "2013년 지난해는 태양광 소재 글로벌 기업인 OCI가 새만금 산업단지에 최초의 투자기업으로 발전소 착공을 했으며 고분자 첨단소재 생산업체인 일본 '도레이' 회사와 유럽첨단소재기업 '솔베이' 회사가 군산 새만금산업단지에 유치되는 등 군산발전에 긍정적 전망을 주었다."고 밝혔다.

그러나 한편으로는 "한국지엠은 군산지역 활성화의 큰 축을 차지하고 있는데 어려움으로 가동률이 좀처럼 회복세를 보이지 못하고 있어 그에 따른 협력업체들의 매출 격감으로 지역산업계는 물론, 지역경제에도 그 어느 때보다 시련과 위기의 어려운 한 해를 보냈다."고 회고했다.

이 회장은 "지금은 한 해가 시작되는 출발점에 서 있다."며 "6년 동안 끌어온 새만금 송전탑 문제가 해결됐고 군산유치의 아쉬움을 남긴 새만금 개발청이 세종시에 자리를 잡았지만 6개 부처로 나뉘어져 있어 어려움이 많았던 새만금 사업이 조기개발완공 전망을 밝게 했다."고 설명했다.

그렇지만 "우리 군산의 교육, 의료, 문화 등 제반 인프라 보완이 아직도 갈길을 제대로 못 가고 있으며 동군산 역세권 개발과 군장대교 건설의 속도를 내지 못하고 있다."고 꼬집기도 했다.

이제는 신도심 개발도 중요하지만 주민들이 안심하고 정주할 수 있는 원도심 재개발 또한 우선돼야 한다."며 "원도심 발전과 군장대교 개통으로 충청, 장항, 서천지역을 연결하는 사통팔달 교통망 구축은 물론 군장생활권역의 새로운 역사가 시작되는 교두보 역할을 하게 될 것을 확신한다."고 강조했다.

이 회장은 "갑오년 청마의 기운으로 군산상공인들의 집합체인 군산상의는 기업 애로 종합지원과 인력창출은 물론, 호남권역에서는 최초로 연령, 계층별 취업인턴사업의 요건을 갖춘 만큼 시민과 기업을 위해 최선의 노력을 아끼지 않겠다."고 다짐했다.

이 자리에는 김완주 도지사를 대리로 김영 부지사가 참석, "개혁과 변화로 도약의 전기를 마련해야 한다."고 뼈있는 한마디를 했다. 또한 "지역과 기업은 상생 발전해야 한다"고도 강조했다.

이 고장 출신인 김관영 국회의원은 축사에서 "군산시민과 기업인들은 군산의 경제살리기와 지역발전에 부단한 노력을 아끼지 않았지만 지나고 보면 아쉬움만 남는다."며 "군산시 1년 예산의 1조 원 시대를 열어 전북의 경제수도를 만드는 데는 상공인들의 노력과 시민들의 비상하는 의지가 절실하다."는 격려와 함께 자신이 지역경제발전에 견인차 역할을 하겠다는 의지도 밝혔다.

또한 김관영 의원은 "새만금 개발청은 군산지역에 대부분 영향을 미칠 것."이라고 전망하며 특히 "금년은 6·4지방선거가 실시되므로 선거에서는 '제대로 된 일꾼'을 뽑아달라."고 주문했다.

이날 행사에는 지방선거를 의식해서인지 예년에 비해 지방선거 입지자들의 얼굴이 많이 보였으며 현역 도·시 의원들의 모습도 눈에 띄었다.

일부 축사를 하는 인사들도 짧은 인사말 정도로 끝내는 등 선거법 위반에 몸을 사리는 모습이 역력했다.

이날 유공상공인들에게 주는 대상은 서영주정 박창복 사장이 수상했으며 감사패는 최광돈 군산수협조합장과 이상준 전북신용보증재단 이사장, 윤인식 군산도시가스 관리이사가 받았다. 그러나 한 명은 국가 기관원으로 불참했다.

주최측은 이날 참석한 인사들에게 떡국을 점심 식사로 제공했다. 이처럼 매년 연초에 군산상공회의소는 신년인사회를 주최해왔으나 금년 같은 성황은 드물었다.

상공인들의 순수성을 저버리고 예년엔 무관심한 사람이 자신의 얼굴 알리기에 급급한 나머지 참석한 인사가 있다면 이는 신년인사회를 훼손하는 일이다.

(2014. 4.)

군산상고 야구 우승은 시민의 승리

제94회 전국체육대회에서 우승을 거머쥔 것은 군산시민이 승리한 것이다. 전국 지방자치단체 전국대회에서 야구로 우승한 것이나 다름없다. 제41회 봉황대기 우승에 이어 전국체전의 우승으로 2관왕이 된 것은 가슴 터지고 목말라 죽을 지경인 30만 시민에게 바다를 보고 느끼는 확 트인 가슴과 갈등해소의 생명수 같은 역할을 한 것이다.

지금 군산시민은 도둑을 보고도 '도둑이야' 소리를 못 지르고 눈뜬 장님으로 소중한 재산을 털리는 기분이며 이를 지켜보는 파수꾼은 먼 산만 바라보는 형국에서 하루하루를 보내고 있다. 이런 시점에 군산상고 야구부(감독 석수철)가 그 역할을 대신해 준 것이 아닌가 싶다고들 한 마디씩 하는 여론이다.

'군산상고 야구부는 한동안 늪에 빠져 헤매이기 수년을 지나 금년에 접어들어 2관왕을 차지한 것은 통쾌한 선물을 안겨준 것'이라고 찬사를 아끼지 않았다.

군산상고(교장 진창엽) 야구부는 우리나라 고교야구의 국민적 관심을 불러일으킨 주인공이며 프로야구 출범의 태동을 만든 산모 역할을 한 한국야구역사의 산증인이다.

한국 고교 야구의 강적들을 물리치고 제패를 한 것은 군산상고 야구의 승리가 아니라 30만 군산시민의 승리요 쾌거가 아닐 수 없다. 군상상고의 야구는 "쓰러지기 직전의 시민들에게 정신차리고 어서 일어나 시민의 재산과 시정의 파수꾼 역할을 잘해달라."는 요구를 안겨준 것이라는 평들이다.

이뿐만이 아니라 전북 대표단에 값진 금메달을 안겨주었다. 따라서 이 금메달은 전북 도민들에게도 환희에 찬 선물이며 숨 막히는 요즘의 세상에 함박 웃음꽃을 피우게 해준 골든 금의 몇 배, 몇천 배의 값진 메달임에 틀림없다.

군산시민들은 정말 장한 군산상고 야구부 선수들을 업어주고 싶을 것이라며 "석수철 감독의 철옹성 같은 철저한 훈련 비결과 선수들을 자신의 정신과 육체의 한 부분으로 여긴 결과가 아닌가 한다."고 소재준 군상상고(20회) 동문선배는 자랑스러움을 감추지 못했다.

이런 한국의 야구 재목들은 대학 야구부에서의 욕심은 두말할 나위가 없지만 프로야구 구단주들은 이미 점찍어 놓았을 것으로 보인다. 이제 남은 것은 왕년의 '역전의 명수' 군산상고 야구부에 대한 재정적 지원을 아끼지 않을 이 나라 대그룹이 나서야 할 때라고 본다.

'싹수가 있는 나무는 씨앗부터 알아본다.'는 속담이 있다.

군산상고 야구부의 저력을 인정받은 현시점에서 돈 많은 사람들도 불경佛經에서 말하는 '공수래공수거'이니 군산상고 야구부의 재정의 보탬이 되어 주기를 바란다.

공든 탑은 결코 무너지지 않음을 시민 모두가 깨닫고 군산상고의 야구부에 30만 시민 모두가 힘을 모으고 큰 박수를 쳐주었으면 한다.

(2013. 11.)

해당화가 그립습니다

개발은 과거와 현재보다 미래를 위해 새로운 모습을 만들어 보자는 데 그 목적이 있을 것이다. '발전적 역사를 담자'는 데 그 취지가 있을 것이다. 그러나 당초 목적과는 달리 결과가 개발취지와 정신의 목적을 벗어났다면 이는 차라리 안 한 것만 못할 것이다.

필자는 최근 군산시 옥도면 선유도에 갈 기회가 있었다. 선유도는 고군산 군도의 중심지이며 선유 8경을 지니고 있는 명승지라서 많은 사람들의 관심을 모으고 있는 곳이다.

최근 이곳에서 전주 '온글문학회' 회원 40여 명이 '문학 콘서트'를 가졌다. 필자도 일원이 되어 참석했다.

이들은 어느 곳에 다녀오면 보고 느낀 것을 '글'로 남기는 문인들이다. 그래서 필자는 이들이 선유도를 작품의 무대로 삼기를 기대하면서 동행했다.

특히 필자는 초대작가의 자격으로 참여하여 필자의 저서인 『범 씨 천년 도읍지 새만금 땅』이라는 책에 나오는 내용을 중심으로 특강을 했다. 고군산의 유구한 역사와 선유도를 중심으로 한 '새만금'의 배경 설명을 자세히 했다.

이 가운데에서도 선유도 해수욕장의 '명사십리'와 '해당화'를 강조하지 않을 수 없었다. 야미도가 고향인 필자로서는 우리 고군산에 이러한 명승지가 있다는 사실 하나에도 가슴 뿌듯하고 자부심에 찬 모습을 유감없이 발휘하고 싶었다.

필자는 행사장인 선유 3구(망주봉 밑 마을)에 도착하면서 10여 년 전에 볼 수 없었던 건물들이 들어서 있는가 하면 부두시설, 방파제 등 하나의 어엿한 포구로 발전한 모습에 놀랐다. 역시 '새만금'의 영향을 받아 이처럼 개발이 진행되고 있음을 실감했다.

신시, 무녀, 선유, 장자도를 연결하는 공사가 현재 진행되고 있어서 앞으로 엄청난 발전을 가져오리라는 전망은 확실했다.

개발로 인한 해머의 소리는 한동안 계속될 수밖에는 없으나 이러한 개발이 아름다운 고군산의 중심지인 '미美의 선유도'가 되기를 기대하지만 이 개발이 잘못되지 않기를 바라는 마음에서 개발의 신중을 기하라는 주장을 하고 싶었다.

이미 20여 년 전에 개발한 해수욕장을 보면서는 '개발이 독이 됐구나.'하는 생각이 들었다. 필자는 두 번 놀랐다. 중·고등학교 시절의 선유도 해수욕장은 '명사십리'라 할 긴 백사장이 있어 천혜의 해수욕장으로 각광을 받는 수려함을 지녔었다.

10리라 부를 만큼 4km에 가깝게 사구砂丘가 형성되어 넓디넓은 백사장은 은빛 모래알로 조성되어 있는가 하면 긴 사구 위에는 해당화가 자태를 뽐내고 있었다. 따라서 수심이 완만하여 물놀이에 적합하다는 평을 받아온 터라 '선유도 해수욕장'은 '천혜의 해수욕장'으로 알려졌다.

이러한 해수욕장을 개발을 앞세워 사구를 없애버리고 시멘트로 '둑'을 만들어 도로로 사용하고 있으며 해당화는 흔적도 없고 소나무

몇 그루와 벤치, 휴식 장소 등이 자리를 차지하고 있었다. 과거의 수려함과 정취는 찾을 길이 없었다. 또한 '평사낙안'의 소나무 한 그루가 죽어 없어진 것은 '진주'빠진 반지 같은 아쉬움으로 영원히 남게 됐다. 그런가 하면 백사장의 모래도 일부이긴 하지만 조개껍데기가 맨발의 발바닥을 괴롭히는 현상까지 나타났다.

지금이라도 늦지 않다고 본다. 이미 만들어진 시멘트 '둑'은 그대로 두어도 '둑'옆의 공지에는 해당화 심기를 시작하면 몇 년 사이에 해당화 숲을 이룰 수 있을 것이라고 본다. 다른 곳 투자도 중요하지만 우선 해당화 조성만이라도 시작했으면 한다.

필자는 세 번째로 놀라운 일을 발견했다. 주민들의 관광수입과 선유 일주를 짧은 시간과 걷기에 불편한 관광객을 위해 골프장 카트를 개조하여 사용하는 것에 놀라지 않을 수 없었다.

필자는 카트 사용 자체에 놀란 것이 아니라 카트의 모습과 기계에 놀랐다. 선유도에는 1가구당 1대의 카트를 배정받은 것을 포함, 청년회, 무슨 단체 등 소유로 총 1백 대가 운행, 관광수입을 올리고 있다고 한다. 여기서 얻어지는 수입 중 일부인 5만 원을 1대당 매월 마을 자치회에 납부한다는 것이다.

이런 제도 속에서 운행되는 카트는 1백 대가 모두 그런 것은 아니지만 대체적으로 비가림, 바람막이 등이 찢어지고 낡은데다 심한 녹 등 흉물스러움을 여지없이 내보이고 있었다. 여기에 낡은 기계는 이용객을 불안스럽게 하는가 하면 낡은 타이어가 펑크가 나기도 하여 이용객을 중간에 세워두는 경우도 있다고 했다.

이런 점은 수입과도 직결된다. 안전성과 청결함을 확보하면 이용객이 늘 수 있다는 점에서다. 이는 주민 자신들에 의해 얼마든지 개선의 여지가 있다 할 것이다. 필자는 글쓰기를 좋아하는 문인들이 이 같은 사실들을 어떻게 조명할지 궁금하고 부끄러움을 금할 수 없었다.

군산시 당국은 '새만금'을 배경한 고군산 군도의 각 섬마다 찾아오는 관광객들의 편리를 도모해야 하고 특히 단체 관광객들이 붐을 이루는 선유도에는 여름철을 앞두고 더욱 대책이 시급하다. 군산시는 선유 8경의 둥지를 살려야 한다.

(2013. 9.)

군산을 바르게 알리자

혈기 왕성한 청년들의 혈투는 강렬하다. 새로운 23년의 역사를 지닌 지방자치제가 실시되면서 기초단체마다 촌치의 양보도 없이 자기 지역 발전과 관광객 유치에 혈안이 되고 있다.

5·16군사 혁명으로 없어진 지방자치제도는 30년 만인 지난 1991년 6월에 부활됐다. 당시의 부활도 반쪽짜리 부활로 기초, 광역의회만 구성됐다.

기초는 시·군·구 의회, 광역은 시·도의회가 구성됨으로써 겨우 절반의 성공을 이룬 것이다. 그 후 1995년에야 비로소 시장, 군수와 자치구청장, 도지사, 광역시장, 자치도지사, 특별 시장선거를 치름에 따라 기초와 광역의 집행부장長과 기초, 광역의회가 구성됐다.

기초, 광역을 포함한 집행부 장과 의회 의원들이 주민의 선거절차에 따라 선출된 명실상부한 주민들의 대표기관이 된 것이다.

이때부터를 지방자치제도가 완전히 부활된 것으로 보아야 한다. 그렇다 해도 18년의 역사를 기록하고 있으니 열혈청년이 아니라고 할 수 없다.

집행부와 의회가 쌍두마차로 민주주의 풀뿌리인 지방자치제가 실시되면서 너나없이 자기 지역 발전에 혈안이 되었다.

모든 사업과 지역 경계선에 이르기까지 한 치의 양보도 없는 단체장이나 의회가 하나로 뭉쳐 투쟁적인 현상을 보이는 게 현실이다.

특히 시설물 설치와 관련해서 좋은 것은 자기 지역 쪽으로, 혐오적인 것은 타지역 쪽으로 가져가도록 하는 시비는 비일비재한 현상이다. 이러한 다툼은 법정으로까지 비화되기 일쑤이다.

이는 지역 이기주의의 발로로 볼 수밖에는 없다. 진정한 지역 발전은 지역이기주의가 아닌 공동의 이익으로 돌아가도록 해야 한다.

이러한 본질적 요인은 저버리고 '내 고장만 잘 먹고 잘살고 행복하면 된다.'는 사고방식은 오히려 장기적으로 본다면 역효과를 가져온다는 사실도 깊이 인식해야 하리라 여겨진다.

이 같은 현상은 기초, 광역 모두가 마찬가지이지만 무조건 양보하고 '미덕의 행정'만을 하라는 것이 아니다. 즉 반대를 위한 반대를 하지 말고 보다 합리적인 방법을 찾아 쌍방 간의 이득이 되도록 하는 최선점을 찾으라는 것이다.

그런 의미에서 본다면 자치지역마다 자기 지역만의 개발사업과 관광산업 등 해야 할 수익사업은 얼마든지 있다.

그럼에도 이웃 지역으로 '득'이 될 수 있는 일이라면 일단은 시비를 걸고 보는 실례를 우리는 보아오고 있다.

이러한 과욕과 잘못 판단하는 이기주의를 과감히 버리고 자기 지역에서 주민복지와 지역개발사업에 충실하는 것이 진정으로 주민들을 위한 행정이 될 것이다. 물론 이웃 지역과의 공동사업은 협의를 통해 얼마든지 해결할 수 있을 것이다.

이런 관점에서 본다면 군산시에서도 새만금 경계선이나 금강문제 등에 매달리는 것은 당연한 일이지만 전 행정력을 지나치게 집중시킬 일이 아니라 다른 분야에도 '균형행정'을 해야 할 것이다.

최근 봄이 되면서 국내 상춘객들뿐만 아니라 중국, 일본, 동남아시아 등지에서도 관광객이 찾아들고 있다.

'새만금'이라는 거대한 사업이 배경하고 있지만 여기에만 기대를 할 것이 아니라 기히 많은 예산을 투입해 신시설과 옛것들의 보수를 한 이상 최대한 활용하여 수익창출도 해야 한다.

조선 말기이긴 하지만 군산의 개항 역사는 일본인에 의한 것이 아니고 순수 대한제국의 황제에 의했다는 역사적 자료가 있다.

시 당국은 이런 점까지를 철저한 자료를 통해 군산을 찾는 관광객들에게 대대적인 홍보를 해야 한다. 산역사를 묻히게 하는 것은 '역사의 죄인'이 된다는 사실을 직시해야 한다.

또한 선유 8경의 보물을 최대한 관광 자원화하는 투자에 인색하지 말고 과감히 투자해야 한다. 물론 현단계에서는 사정이 조금은 다르겠지만 3~4년 후를 내다보고 민박에서만 그칠 일이 아님을 알아야 한다.

현재 건설 중인 고군산 섬들의 연결도로가 완공되면 관광객들이 물밀듯이 몰려들 것이라고 여행전문가들은 전망한다.

관광객들이 머물다 가도록 숙박시설을 갖추어야 한다는 것이다. 군산시는 관광자원이 어느 곳에 묻혀 있는가를 찾아 집중적인 개발과 투자를 해야 한다.

어느 한두 가지가 잘된다고 해서 그것에 만족하거나 게으름을 피운다면 군산은 잠자는 항구도시가 되고 말 것이다.

미관을 가꾸는 것도 중요하지만 시민들의 소득창출이 더욱 중요한 일이다. 우선 먹고 사는 일부터 찾는 것이 살아가는 순서일 것이다.

옛말에 '배부르고 등 따뜻해야 무슨 일이든 할 수 있다.'고 했다. 참으로 '명언'이다. '금강산도 식후경'이라는 말도 같은 뜻이다. 모든 일은 우선순위를 정해놓고 그에 따라 해야 한다는 것이다.

순서 없이 즉흥적으로 감성적으로 특정적 목적에 의해 '불요불급'한 예산이 투입된다면 이는 사형死刑당한 행정이다.

(2013. 9.)

나 말고 누구 또 있나?

사람은 자기 잘난 맛에 산다고 한다. 이는 다중이 모인 자리에서 뾰조롬히 고개 들고 '나 말고 또 누가 있느냐.'는 자기 과시적 노출형인 꼴불견의 짓을 가리키는 말일 것이다.

벼 이삭은 익어갈수록 고개를 드는 것이 아니라 숙이는 겸손과 자연의 순리에 따르는 모습을 보인다.

사람이 세상을 살아가면서 '정의'가 앞서는 경우는 모름지기 자신의 희생을 무릅쓰고 어떤 역할을 할 때이다. 이것이 진정 '정의'를 위한 '살신성인'의 정신을 발휘하는 것이다.

이러한 정신은 찾을 길이 없고 자신의 '입신양명'만을 위해 위선과 독선으로 위장가면을 쓰고 마치 국민을 위해 희생을 각오한 양 "나요."하고 고개를 내미는 것이야말로 꼴불견이 아닐 수 없다.

일반적인 사회단체나 기관의 대변자가 되겠다고 하는 사람은 그렇다 치더라도 지방선거에서 도지사, 시장, 군수, 그리고 도의원, 시·군의원은 최소한 익어가는 벼 이삭 같은 모습을 국민은 원한다.

그럼에도 불구하고 도지사, 시장, 군수를 2번씩이나 했으면서도 법에 보장되었다고 해서 3번을 꼭 채우려는 정치적 욕심꾸러기들이 날뛰고 있다. 연령적으로 보았을 때 젊음이 보장되어 있다면 그래도

별 문제로 볼 수도 있을 수 있다.

그러하지도 못한 사람이, '나 아니면 안 된다. 나 말고 어데 또 누가 있느냐.'는 식의 사고로 뭉친 사람이 계속 욕심을 부린다면 이는 시민을 무시하고 얕잡아 보는 처사인 것이다.

앞으로 1년밖에 남지 않은 지방선거에 출마할 사람들이 너나없이 2선, 3선을 노리거나 정치 입문을 하려는 희망자들이 정치 환경변화까지 전망하면서 물밀듯 쏟아져나오고 있는 정치형국을 자아내고 있다.

그런가 하면 지역 광역단위로 도지사 출마예상자를 거론하며 도민들의 선호도에 따른 여론조사를 실시하고 있다.

전북의 경우는 현 김완주 지사를 포함하여 정동영 전 대통령 후보, 최규성 국회의원, 유성엽 국회의원, 이춘진 국회의원 등 6~7명을 대상으로 한 여론조사에 들어갔다.

도지사와 도의원은 공천제가 확실하기 때문에 문제는 공천의 방법과 중앙당의 공천심사 결과가 당선 여부에 큰 영향을 미칠 것으로 보인다. 물론 어느 정당 공천이냐는 것도 관심의 대상이다.

이러한 상황 속에서 김완주 현 지사의 3선 도전이 관건이 될 수도 있다. 그러나 3선 도전에 호의적인 반응이 아니라는 여론도 만만치 않아 관심의 집중 대상에서 멀어가지 않느냐는 여론도 없지 않은 것으로 전해진다.

다른 후보 예상자들은 본인들의 의사와는 상관없이 거론되는 선에서 머물고 있지만 미리 준비해온 국회의원도 있어 주목의 대상이 되고 있다.

이들에 대해서는 국회의원 경력의 소유자들이며 비교적 연령대가 알맞은 선이라는 평가까지 거론되는 양상을 보이며 신선감도 지녔음을 나열하고 있다.

한편 도내 시장, 군수 입후보 예상자들에 대해서도 각양각색의 여론이 따르고 있다. 2선, 3선 도전자는 물론 초선 시장, 군수 후보 예상자들은 이미 준비에 들어가 선거 채비를 서두르고 있는 현상이다.

2, 3선 도전자들은 임기 내내 전시, 또는 선심성 행정에 몰두한 시장, 군수가 있는가 하면 이번을 마지막으로 시, 군을 위해 최선을 다하겠다는 단체장도 있는 게 사실이다.

그러나 '또 하겠다.'는 욕심을 내는 단체장 중 조직 관리와 선심이나 전시행정에 집중하지 않은 단체장은 사실상 보기 드문 일이라 해도 무리는 아니라는 여론들이다.

대체적으로 선거가 다가올수록 도내의 단체장들의 '공과功過'가 평가되기 시작하고 있어 단체장들을 긴장시키고 있다.

도민들이 어느 곳에서 거주하느냐가 문제가 아니고 의식수준이 단체장들을 능가하고 있음이 더욱 중요한 사항으로 꼽히고 있다는 사실을 제대로 인식해야 하리라고 본다.

군산시민의 의식도 마찬가지이다. 2선에 걸쳐 7년의 공적이 적나라하게 나타나고 있음을 시민들은 잘 알고 있다. 과연 주요 시정市政이 시민들이 먹고사는 데 대해 근본적인 대책을 세워주었는지, 했다면 어떤 내용들인지를 시민들은 더 잘 알고 있을 것이다. 이제 시민들은 냉철한 이성적 판단에 의해 거짓말하지 않고 진정성과 시민을 위한 시정을 제대로 펼칠 수 있는 시장을 선출할 것이다. 부당한 방법으로 조직을 동원하고 무조건 '당선만 되면 된다.'는 막가파식의 선거를 치른다면 풀뿌리 민주주의는 말살되고 말 것이다.

현재 거명되는 군산시장 후보 예상자는 10여 명에 이르는 것으로 파악된다.

과욕은 금물이며 자기 분수를 알고 자연의 섭리에 따라 익어가는 벼 이삭 같은 인물이 나와 시민들로 하여금 혼돈이 없도록 했으면 한다.

(2013. 8.)

새만금사업 앞세워 '표' 구하면 사기

새만금 특별법 개정안이 여야 공동으로 발의됐다. 새누리당 지역화합특별위원회 남경필 위원장(5선 국회의원)을 비롯, 새누리당 88명, 민주통합당 79명, 비교섭단체 6명 등 173명의 국회의원들이 서명, 지난 5일 국회에 공동 발의했다.

특별법 개정안은 사업추진을 전담할 '새만금 개발청'을 국토해양부 소속으로 신설하고 재원 조달을 위한 새만금 특별회계 신설, 기반시설에 대한 국비지원 확대를 할 수 있는 근거를 마련하는 내용을 골자로 한 것이다.

이러한 특별법이 마련되지 않은 현재의 새만금 특별법으로는 사업추진을 할 수가 없는 실정이다.

그래서 도민들은 특별법 개정안이 발의돼 연내에 국회통과를 목표로 전북의 정치권만이 아니라 여야를 떠난 국회 차원의 개정안 발의를 기대하면서 온갖 노력을 아끼지 않았다.

이제는 발의가 된 이상에는 소관 상임위에 배정돼 소위심사와 상위 전체 통과를 보아야 한다. 그에 앞서 정부소관부처인 국토해양부의 의견수렴 과정을 거쳐야 한다.

이에 해양국토부는 솔선하여 개정안 타당성의 의견을 국회소관 상위에 제출해야 한다.

이러한 과정을 거치는 것이 결코 쉽다고 볼 수는 없다. 여야의원들이 과반수인 173명이나 되지만 막상 소관 상임위 소위에서부터 큰 탈 없이 원안통과가 되어져야 전체회의에서도 여야 간의 의견 차이 없이 통과의 가능성이 높다.

이처럼 수월하게 소속 소관 전체회의 통과는 법사위의 상위법이든 하위법이든 중복되지 않고 특히 상위법에 반하는 조문 정리만 잘되어지면 그대로 통과는 어렵지 않다.

그러나 문제는 본회의 통과가 관건이 될 수 있음을 우리는 우려하지 않을 수 없다.

오히려 상임위에서보다도 더 어려움에 부닥칠 수 있다는 것이다.

국회의원 각자의 지역과 인근 지역 의원들끼리 연결된 국책사업이 진행 중인데도 진척도가 부진함을 들어 지역민들이 들고 나올 경우를 감안 안 한다는 보장이 없기 때문이다. 즉 우리 지역 사업은 모로쇠하면서 남의 지역 사업에는 동의하느냐는 항의에 변명의 여지가 없다는 것이다.

이뿐만이 아니라 새만금특별법 개정안과 유사한 2015년 광주 하계 유니버시아드대회 지원법 개정과 2015년 대구 세계물포럼 지원특별법 제정, 부마항쟁특별법제정 등이 추진되고 있다.

이런 상황은 다른 지역문제와 관련, 제정이나 개정과의 빅딜을 예상하지 않을 수 없는 일이다. 이처럼 첨예한 문제들에 대해 김완주 지사를 포함한 정치권 인사들 그리고 모든 도민들의 뭉쳐진 하나의 힘이 절실한 작금이다.

현재 국회 숙성 기간이 예정대로 지나가면 오는 12월 7일까지는 국회 본회의에 상정될 수 있다.

이에 대비해 소관 상임소위에서부터 철저한 대책을 세워야 한다. 따라서 전북 출신 국회의원 모두가 하나같이 나서서 최소한 서명을 한 173명의 국회의원들의 마음이 변하지 않도록 하지 않으면 안 될 것이다.

특히 이날 남경필 지역화합특별위원장이 대표발의를 했는가 하면 '전북도민들과 국민들의 염원을 담아 새누리당과 민주통합당이 공동 발의를 한 것은 국익을 위해 여야가 당리당략을 떠나 손잡는 모습을 보여준 모범적 사례로서 우리 정치문화의 전반에 확산되는 계기로 삼기를 기대한다.'고 강조했다.

그러나 주민들의 우려는 군산의 금강하구둑 기공식을 상기하지 않을 수 없다. 새누리당 전신인 옛 공화당에서 대통령선거를 앞두고 정부당국은 군산 현지에서 집권여당 대통령이 참석한다는 기공식을 세 번씩이나 연기하다가 가까스로 기공식을 가졌다.

이런 사실들을 지역 주민들은 잊을 수 없기에 이번에도 새만금사업을 본격화시킬 새만금특별법 개정안이 그 꼴이 되지 않을까 우려하는 것이다.

또한 1991년 11월에 새만금 사업의 기본을 이루게 될 34km에 이르는 제방공사를 하는데도 무려 20년이 걸린 2010년이 되어서야 완공을 보아 군산~부안 간을 겨우 개통하여 차량통행이 가능해졌다.

또한 내부개발계획도 2011년에 들어서 새만금종합개발계획(MP)의 밑그림이 그려졌다. 그럼에도 불구하고 예산 뒷받침이 되지 않기 때문에 사업 진척을 볼 수가 없는 실정이다.

이토록 지지부진한 실정을 타개하려는 몸부림의 결과가 이번에 새만큼 특별법 개정안을 만들지 않으면 안 된다는 절박감에서 비롯된 것이 사실이다.

이런 절박함 속에서 진행된 개정안이 금년 정기국회 내에 마무리가 되어져야 한다. 만약 연내 처리가 안 되면 또다시 물 건너가는 것으로 봐야 한다.

이쯤 되면 금강하구둑 기공식처럼 되지 않을까 의문을 제기하지 않을 수 없다. 그렇게 때문에 어떤 일이 있어도 연내 처리가 돼야 할 일이다.

이번에 개정안이 국회본회의를 통과하면 '산 넘어 산'이라며 어려움만을 던져주는 실의에 찬 푸념들은 말끔히 사라지리라는 전망이다.

다른 법률제정이나 개정에 이토록 많은 여야의원들의 발의서명이 골고루 참여한 경우는 드문 예일 것이다.

특별히 상기할 대목은 박근혜, 문재인 여야 두 대통령 후보와 새누리당 황우여 대표, 이해찬 민주통합당 대표도 서명을 한 점이다.

결코 서명 국회의원들만이라도 서명의 잉크도 마르기 전에 먼 산 바라보는 국회의원이 없기를 바란다.

(2013. 5.)

해상 매립지 시장 '직' 걸고 투쟁해야

군산시 해망동 앞 인공 모래섬. 이 섬은 자연이 가져다준 군산의 보물이다.

그런데도 마치 골칫거리로 취급당해 국토부가 '어부지리'하는 형국을 자아내 시민들을 분통의 도가니로 몰아넣기도 했다.

약 1백만 평에 이르는 이 인공 모래섬은 현재는 2백2만㎡를 훨씬 넘고 있으나 계속 모래가 쌓여 앞으로 2~3년이면 여의도를 육박하는 2백50만㎡를 상회할 것으로 전망되는 황금 땅이 될 것이다.

이러한 보고寶庫의 땅을 어느 시장은 내팽개치듯 했고 공짜로 생겨난 모래섬을 차지한 국토부는 '허참'하고 웃었을 것을 생각하니 참으로 어처구니가 없고 부끄러운 일이다.

금강하구언에 '둑'이 생기면서 사주 형성이 더욱 빨라져 하나의 대형 모래섬을 형성한 것이다.

물론 서천군과의 관련성이 전혀 없다고는 볼 수 없으나 지형이나 지리적 여건으로 보면 군산시의 관할권 주장이 더욱 타당하다는 객관성 있는 주장들이다.

이는 군산시에서 보다 소극적 단계에서 벗어나 실체적 사실을 근거로 내팽개친 시장이 물러난 후 다음 시장부터 적극적으로 발벗고 나섰어야 했을 일이다.

그 후로 시 당국은 개발에 따른 갖가지 계획을 수립하는 등 국토부와의 관계까지도 설득력을 발휘하여 제자리에 가져다 놓고 개발계획을 수립하여 사업에 착수해야 한다.

물론 사업계획수립은 어떤 내용의 개발이 타당한지에 대해 공청회 등 다양한 의견수렴 과정을 거쳐 최종 개발계획을 확정해야 한다.

최근 군산시가 국토부와 이 모래섬에 대한 활용을 위한 용역실시 등 무엇인가 개발을 해야 되겠다는 의지를 보임에 따라 만시지탄의 감이 없지 않으나 퍽 다행스러운 일로 받아들여진다.

시민 모두는 '환영할 일'이라고 일단은 박수를 보내리라고 여겨진다. 여기에 내항 개발문제까지를 포함한다는 보도이고 보면 시 당국으로서는 결코 기회를 놓쳐서는 안 될 것이다.

현재 이러한 문제들이 결정단계가 아닌 검토대상으로 삼고 있다는 정도지만 무슨 문제든 검토단계가 가장 중요한 일이다. 검토가 제대로 되어지면 사업의 시행은 가능성을 항상 열어놓고 있는 것이다.

군산시는 이 모래섬에 대한 '지명(명칭)'공모에 이어 국토부와 내항 재개발에 따른 논의를 벌이기 시작하면서 소유, 관리권 등의 문제가 제기돼 중단됐다가 '군산항 내항 준설토 투기장(해상매립지)활용방안구축용역'의 재검토로 시와 시민들의 관심을 집중시키고 있다.

군산시는 이달 말까지 '지명'공모를 끝낼 예정으로 '비단 섬' 등 8개의 예명을 제시해놓고 있다.

이 섬의 명칭은 군산 내항의 미래지향적 가치와 창조적 가치를 부여한다고 한다. 특히 이곳의 역사성과 모래섬으로 이루어진 점 등을 감안하여 부르기 쉽고 기억하기 좋은 이미지를 내세운다는 것이다.

또한 군산시는 23일 국토부 관계자들과 근대역사박물관에서 해상매립지까지의 종합적인 내항 재개발 방안을 논의해 내항과 함께 구도심권 활성화 방안에도 커다란 영향을 줄 것으로 기대되고 있어 이 지역 시민들은 비상한 관심을 갖고 있다.

그러나 예상외로 국토해양부에서 이러한 검토 계획을 이런저런 핑계로 전면 백지화 안 한다는 보장이 없기 때문에 이 기회를 군산시는 정치권을 동원해서라도 '준설토 투기장'문제를 해결한다는 차원에서 어떤 일이 있어도 기필코 사업이 이루어지도록 해야 할 것이다.

이곳 모래섬은 세칭 '해상공원'으로 명명하여 지난 1980년대 초부터 해망동 수변로水邊路 쪽으로 준설토를 모래 위에 펴 올린 것이 하나의 '섬'을 이루게 되고 지금의 면적으로 형성된 것이다.

이처럼 하나의 섬으로 형성되어 있음을 대지화하기 위해 군산시는 지난 2000년 11월 군산시 해망동 1013번지와 1014번지로 지번까지 부여했다.

현재 지적도에는 군산시 해망동 1013, 1014번지로 표기되어 있어 엄연한 군산시 관할 구역이다.

그럼에도 불구하고 군산시가 개발계획을 수립하려 하는데 국토부와 서천군이 나서서 공연한 시비를 걸어오곤 한다.

결국 국토부는 2011년 7월 '항만기본계획상 항만 친수시설로 반영, 고시'했지만 금강을 사이에 둔 충남 서천군과의 갈등을 빚으면서 국토부는 지난 9월 '군산항 내항 준설토 투기장(해상매립지)활용방안 구축용역'을 중지한다는 내용의 공문을 시에 보내온 바 있다.

이처럼 내적인 문제가 도사리고 있기 때문에 군산시는 '검토'란 말만 나와도 한치도 늦추지 말고 매달려야 한다.

특히 구 도심권 활성화대책위원회 김영섭 위원장은 "수단방법을 가리지 말고 영화동, 월명동 등 구 도심권이 살아날 수 있는 일이라면 주민 모두는 똘똘 뭉치자."고 다짐하며 "군산시의 최선의 노력을 기대한다."고 강조했다.

이번이 중대한 계기가 될지 모른다.

(2013. 5.)

이진원 군산문화원장께

이진원李振遠 원장의 취임을 축하드립니다. 10여 년 만에 군산문화원의 얼굴이 바뀌었습니다. 한 사람이 한 곳에서 장기집권(?)하는 것을 시민 모두는 원치 않았습니다. 이는 정권이나 지방의 각급 자치단체를 포함한 사회단체에 이르기까지 어느 조직이든 마찬가지입니다.

공익단체가 아니고 개인조직이라면 몰라도 물이 오래 고여 있으면 부패되고 썩는다는 사실은 어느 누구나 다 잘 알고 있지 않습니까. 이제 현실은 위정자를 포함한 어떤 단체의 대표보다 못한 시민이 없습니다. 다만 본인의 희망 여부를 떠나 임무를 부여한 것인데 욕심껏 무한정 하려는 것은 커다란 착각일 뿐더러 시대가 용납하지 않는 추태라는 사실을 외면하면 안 되는 일입니다.

필자가 이토록 장황히 설명하는 것은 비단 군산문화원장 자리만이 아닌 다른 공익단체도 많기 때문입니다.

그런데 유독 군산문화원장 자리는 10여 년이 됐는데 영구적으로 원장을 할 수 있도록 정관개정을 시도했다가 도청에서 불허가 된 일이 있어 군산 시민으로서 얼마나 남사스러운 일이냐는 여론이 비등했습니다. 영구통치를 하려고 유신헌법을 만들었다가 국민의 저항으로 폐지되었던 일이 생각나는 대목입니다. 이번에 이 원장께서 취임함으로써 시민들은 그동안의 갖가지 잡음이 일소되리라는 기대를 하고 있습니다.

또한 20명의 이사 가운데 군산문화원 발전을 위해서는 최소한 4~5명은 교체가 됐어야 하는데 그대로 유임시킨 것은 말이 좀 많습니다. 150명이나 되는 대의원도 마찬가지라고 합니다.

특히 전직 원장 중에는 자기 사람을 심기 위해 상당한 억압을 행사했다는 후문이고 보면 결코 바람직스럽지 못한 일로 평가됩니다. 군산문화원 정관을 보면 제3조 목적에서 '본원은 지역사회의 계발 및 문화진흥을 목적으로 한다.'라고 되어 있습니다.

또한 제4조의 사업은 1. 지역고유문화의 계발.보급.전승 및 선양 2. 향토사의 조사.연구 및 자료수집.보존. 3. 지역문화행사의 개최 4. 문화에 대한 자료의 수집.보존 등 8개항으로 되어 있습니다. 4항은 1항과의 중복성이 있는가 하면 그동안 이러한 사업들을 얼마나 충실히 실행해왔는지는 모르나 군산문화원장의 자리가 대외적으로 그렇게 커다란 권한 행세를 하는 자리이기보다는 조용한 가운데 지역의 향토문화연구보존, 자료수집, 이의 보급, 지역사회발전을 위한 문화 활동 등을 중점적으로 해야 하는 자리가 아닌가 싶습니다.

시민들께 기대감을 줄 이 원장은 교육자 출신으로서 "낮은 자세로 회원 간의 화합을 다지는 데 역점을 두고 시민으로부터 신뢰를 받는 문화원이 되도록 하고 시민이 원하는 문화 사업을 펼쳐나가겠다."고 다짐했습니다. 또한 "문화원 설립취지에 맞는 사업에 더욱 정진하겠다."고 밝힌 만큼 내세운 말씀대로 꼭 이루시기를 바랍니다. 앞으로 문화원 운영에 감 놔라, 배 놔라 할 사람이 나타나면 철저히 배제하여 외압이 없기를 기대합니다.

(2013. 10.)

군산시장이 동네 머슴 아니다

사람은 자기 잘난 맛에 산다고 했다. 무슨 일이든 너도 하는데 나라고 못할 게 무엇이냐. 비록 요모양이지만 대통령도 하고 장관도 하고 국회의원도 하고 도지사도 하고 시장도 하고 무엇이든지 시켜만 주면 다 할 수 있다. 시켜주지 않기 때문이지.

사람은 이런 환상 속에서 자신을 내세우며 한세상 살아가는 것 같다. 다부진 꿈과 희망은 간직해야겠지만 그런 희망을 가져야 할 사람은 따로 있을 것 같다.

'친구 따라 강남 간다.', '이웃집 아줌마 시장가는 거 보고 돈 한 푼 없이 바구니 들고 따라 간다.'는 속담이 있다. 남이 하니까 나도 한다는 말로서 '덩달아 한다.'는 말이다. '뱁새는 황새를 도저히 못 따라 간다.' 이런 유의 비유어도 있다. '못 올라갈 나무는 쳐다보지도 마라.' 등 우리네 인생살이에 교훈적인 말은 참으로 많다.

2014년 6월에 치러질 지방선거에 얼굴을 내미는 인물(?)들이 어중이 떠중이 참으로 많다.

더군다나 제18대 대통령선거에서 여, 야 대표들이 선거공약으로 '공천제도를 폐지하겠다.'고까지 해놓은 상태에다 집권여당인 새누리당에서 오는 4·26 재보궐선거에 무공천을 실시함으로 인해 더욱 '

공천 폐지'가 굳어지는 형국이다.

이러한 정치적 상황이 전개되리라는 예측 아래 무소속이면 해볼 만하다는 판단 아래 너나없이 얼굴을 내미는 풍경을 쉽게 볼 수 있다. 이는 기초단체에 해당하는 일이지만 광역선거인 도지사, 도의원은 공천제도가 종래처럼 시행된다. 그런데 문제는 안전행정부장관이 며칠 전에 도의원들에 대해 '보좌관제도를 두도록 하겠다.'고 발표하여 도의원 출마 희망자들을 흥분케 만들어 놓았다.

시의원이나 한번 출마해볼까 하고 저울질한 사람이 이왕이면 보좌관이 있는 도의원에 출마하면 어떨까 하고 생각을 바꾼다면 도의원 희망자는 더욱 늘어날 전망이다. 이들 희망자들은 지역 국회의원 눈에만 잘 들면 공천이 가능할 것으로 착각하면서 공천만 받으면 당선은 틀림없을 것으로 확신할 것이다.

그러다 보니 도지사는 몰라도 시장, 시의원, 도의원은 지역마다 '만원사례'가 될 것으로 전망된다.

군산 시장의 경우 현재 바람을 타고 있는 후보자가 10여 명이 넘는 것으로 파악되고 있다. 이들 대부분은 몇 년씩 준비해 온 희망자가 있는가 하면 갑자기 나타나 명함을 돌리고 다니는 사람도 있다.

다양한 모습으로 자신의 의사를 표명하는 시장 후보군들은 정말 군산시장으로서 자질과 역량, 도덕성, 청렴성, 연령 등 최소한의 자격을 갖춘 인물인지에 대해 자신이 먼저 객관적인 평가를 한 다음 마음의 결정을 해야 할 것이다.

군산은 특성상 너무 젊어도 안 되며 그렇다고 나이가 너무 많아도 안 되고 사회적 경륜과 시민들이 납득할 만한 이력을 지닌 층을 선호하는 편이다. 지난 1995년 제1기에서부터 지금까지 몇 차례에 걸쳐 시장선거를 한 결과 비교적 연령이 높은 편이었음을 상기하며 내년 선거에서는 종래보다는 낮은 연령이 절실하다는 여론이다.

따라서 사회적 이력과 경륜을 무시할 수 없다는 문제도 제기하며 그러한 적임자 중에서 시민들과 동고동락해 온 인물을 선택해야 할 것이라고 지적한다. 그랬을 때 시민의 가려운 곳이 어디고 아픈 곳이 어디인지를 쉽게 또렷하게 진단하여 치유할 것이라는 주장이다.

시민들은 군산시 발전의 장단기적이고 종합적인 마스터플랜을 시민들에게 공개하여 의견수렴을 거친 뒤 최종안을 내놓고 우선순위에 따라 한 가지씩 집행해 나가는 시정을 할 인물을 선택하기를 바라는 것이다.

특히 군산시장은 새만금이라는 거대한 개발 사업이 있는 만큼 새만금과 군산시와의 연계를 개발 발전 차원으로 끌어올려야 하는 엄청난 책무가 부여돼 있다. 자칫 빗나가 전북 도의 사업본위로 이루어진다면 군산시는 닭 쫓던 개가 될 수도 있다는 점을 깊이 인식해야 한다.

결론적으로 군산시장은 아무나 할 수 없으며 '무조건 당선만 되면 된다.'는 인식은 일찍이 버리는 것이 좋을 성싶다. 지금 군산시는 21세기를 달리고 있으며 여기에서 뒤처지면 30만 시민이 불행해진다는 사실을 알아야 한다. '남이 시장 나가니까 나도 나가야겠다.'는 생각은 시민을 혼돈의 도가니로 몰아넣는 꼴이 됨과 동시 시민을 무시하는 결과를 낳게 될 것이다. 군산시민들이 그리 되도록 하지는 않을 것이다.

또한 시의원 희망자들도 마찬가지다. 1991년 6월부터 몇 차례의 선거를 통해 시의원의 역할과 기능에 대해 시민들이 알만큼 알고 있다. 내년 선거에서는 옥석을 가려 진정 실력과 능력 있는 일꾼을 선택할 것이다.

(2013. 8.)

어민은 나의 평생 친구요 심장이다

"나는 어민의 자식입니다. 그것도 서해 고도의 섬마을에서 어민의 아들로 태어났습니다." 섬 출신으로 어민의 자식임을 자랑스럽게 생각하는 주인공을 찾았다. 직업도 평생을 어민들과 함께하는 공직에서 35년간을 봉직해 온 모범 공무원이다. 주인공은 지금은 산업개발에 따라 공단이 만들어져 육지가 된 군산시 오식도동 출신인 김광철 (전북수산인동호회) 회장(60)이다.

오는 6월 말이면 공로연수를 마치고 하나의 수산인으로 남는 김 회장은 "평생 수산인으로서의 긍지와 자부심을 갖고 있는 어민들과 함께 살아가기를 기도하는 마음에서 지난 2010년 8월 15일 선, 후배님들과 동료, 그리고 어업에 종사하는 어민 친구들끼리 의기투합하여 '전북수산인동호회'를 만들어 현재 운영해오고 있다."고 소개한다.

오식도초등학교와 군산북중, 군산수산고등전문학교 증식학과를 졸업, 군에 입대하여 육군 장교로 제대 후 군산 옥구 통합 이전인 1978년부터 2년 동안 옥구군 미면 도서예비군 중대장을 역임한 김 회장이다. "수산직 공무원으로 지금껏 어민들의 가려운 곳을 긁어주고 아픈 곳을 어루만져주는 공복으로 살아왔다."고 김 모씨(61, 군산시 소룡동)는 김 회장 자랑을 한다. 유년 시절부터 보아온 어민들의 생활상을 너무도 잘 안다는 김 회장은 "비록 현직은 떠나지만 수산인들의 어업경영 전개와 실질적 소득원을 찾아나설 것을 각오한 끝에 모두의 힘을 모아 공생공존하면서 살아갈 수 있도록 수산인동호회를 설립했다."고 그 배경을 설명한다.

어떻게 하면 어민들이 소득 향상을 통해 삶의 질을 높일 것인가를 찾아야 한다는 김 회장은 "인력 부족으로 부부가 한팀이 되어 어업을 하지 않으면 안 되는 안타까운 현실의 타개책이 무엇인가를 찾아야 한다."고 강조한다. "진정 부부가 목숨 걸고 사나운 파도와 싸우면서 고기를 잡아야 한다는 사실을 뼈저리게 느낀다."며 김 회장은 "연안에서의 불법 등을 포함한 새끼 고기들까지 남획하는 일을 철저한 예방하고 다량의 치어방류 등 기르는 어업도 뒤따라야 한다."고 역설한다.

비록 사설 단체인 동호회이지만 수산업 발전을 위해, 어민 소득증대와 복리증진을 위해 헌신봉사하기로 각오를 다진 사람들끼리의 모임인 만큼 현직에서 익힌 다양한 기능을 살려 연구에 연구를 거듭하여 헌신 봉사할 것임을 다짐하는 김 회장 등 임원들은 각오가 대단하다.

특히 김광철 회장 등은 "어장 치안확립을 통해 부정 어업을 예방하여 어족자원을 보존하고, 소형선박으로 부부가 어업하는 안타까움을 조금이라도 덜어 단 몇 푼의 소득이라도 더 올릴 수 있도록 하는데 최선을 다할 것."이라고 다짐해 보인다.

또한 중국 어선들이 우리나라 어장을 넘나드는 것에 대해서도 '정부의 강력한 대책으로 우리 어장에 피해가 없도록 하는 것도 대단히 중요한 일'이라고 지적한다.

이러한 문제점들에 대해 김 회장은 "과거 4~50년 전의 고군산을 중심한 풍어축제의 모습을 되찾고 싶다."며 "지금부터라도 연안 어족자원의 기틀 마련과 보호, 육성을 꾀해야 한다."고 새로운 비전을 제시한다. "만선의 깃발이 군산 어판장에 휘날리는 광경이 있어야 한다."고 포부를 밝히는 김 회장은 "이러한 바탕을 만들기 위해서는 우선 군 소 어민들의 마음이 풍요로울 때만이 가능하다."고 진단하며 이렇게 하려면 "사심 없는 수산 지도자들이 발벗고 나서서 헌신봉사하며 진정한 길잡이가 되어야만이 가능할 것"이라고 분석한다.

1980년에 국가 5급 공무원 공개채용 시험에 합격, 오늘에 이른 김 회장은 해양수산 전문인으로서 도내 시·군 해양수산담당 경험을 바탕으로 군산시 수산과장을 거쳐 전라북도 농수산국 해양수산과장을 역임했다. 도 수산과장은 전북의 해양수산의 실질적 최고책임자로서 해양수산정책사령관이나 다름없다. 이러한 경력과 이력을 바탕으로 수산인들을 위해 수산인동호회를 설립하여 헌신 봉사하겠다는 다짐은 "전북의 해양수산정책 실무책임자였기에 어민보호육성과 소득증대에 커다란 밑거름이 될 것으로 보여 고무적인 현상이 아닐 수 없다."는 평가들이다.

김 회장은 그동안 장관 표창을 비롯 다양한 수상을 했으며 경제 살리기 등 크고 작은 교육을 통해 조직의 살림살이를 꾸려나가는 체험적 교육을 받았다. 따라서 선진국인 이탈리아, 그리스, 덴마크, 일본, 중국 등 여러 나라의 해양 수산정책에 관한 비교시찰을 다녀와 국제적 감각을 익히기도 했다. 특히 김 회장은 신 빈곤층을 발굴, 이들에 대한 지원책과 창조적 혁신 교육에 역점을 두고 자기계발에 게으름이 없는 공직자란 평가를 받아왔다고 주위 사람들은 귀띔해준다. 김 회장은 “앞으로 ‘전북 수산인동호회’는 회원들이 한마음 한뜻으로 우리 전북의 해양수산업 발전의 미래 중심에서 어민 가족 모두의 ‘삶의 질’을 향상시키는 한 알의 씨앗 노릇을 다할 것”이라고 결의에 찬 다짐을 한다. 김 회장은 수산인 전문가로 진정한 어민들의 심장에 흐르는 한 줄기 ‘피’가 되어 주기를 기대한다.

(2013. 3.)

4부
대한민국 팔자

중국 단동을 뒤로한 압록강에서

교육감은 교육지사

교육감은 교육지사로 통한다. 이 말은 교육이 차지하는 비중이 그만큼 크다는 것을 말해주는 것이다. 교육감은 과거는 집권여당의 입맛에 맞는 교육자 중에서 임명을 해왔다.

그러나 지금은 주민들의 손으로 직접투표를 통해 선출한다. 이는 교육 자치 정신을 살리기 위함도 있지만 교육의 '백년대계百年大計'라는 원대한 뜻을 살리면서 주민 의사를 관철시키자는 취지일 것이다.

즉 일반 종합행정 못지않게 교육을 중시하는 뜻의 반영이다. 과거 집권자들은 교육제도를 마치 호주머니 속 장난감 만지듯 생각나는 대로 만들었다. 심지어는 교육법과 병역법은 믿을 수 없는 법이라는 조롱거리가 된 적이 있다.

그런 법인 교육제도는 오늘날에도 종잡기 어려울 만큼 학생들이나 학부모들에게 혼돈을 일으키기게 한다. 이런 교육제도의 혼란 속에서 교육감을 선출한다는 것은 참으로 중요한 일이다.

우리나라가 오늘의 선진대국으로 가는 것은 제도와는 별개로 우리들의 부모들의 '내가 못 배운 한을 풀고 못 먹으면서도 자식만은 제대로 가르쳐야 한다.'는 사명감에서 비롯된 것이다.

이처럼 중요한 교육의 총수가 되는 교육감 선출은 나라의 장래를 걸머질, 후진 국민들을 책임질 사람을 뽑는 것이다.

교육감 선거가 서서히 눈앞에 다가오고 있다. 전라북도에서도 교육감 후보로 나서겠다는 사람들이 서서히 윤곽을 드러내고 있다.

도지사 선거 못지않게 치열한 경쟁을 벌일 것으로 보인다. 그러나 너도나도 하는 식의 후보 난립을 보여서도 안 되지만 자기 욕심만 갖고 출마하는 것은 자칫 전북의 교육을 망칠 수도 있다는 사실에 도민은 지켜볼 것이다.

비록 전북만은 아니지만 전라북도 교육위원회 교육위원 몇 명이서 전라북도 280만 도민의 교육을 책임질 교육감을 선출하다 보니 심각한 문제제기가 되는 등으로 교육자치법을 개정, 주민이 직접 선출하도록 개정했다. 개정 법률에 따라 지난 2000년에 대학 교수인 현 교육감을 직접 선출했다. 과연 후회 없는 전북 교육이 되었는지는 두고 볼 일이다.

최소한 교육감 후보로 나서겠다면 초, 중, 고의 교사 경력도 중요하지만 그보다는 모든 교육기관의 운영에 대한 능력과 교육 자치정신을 살릴 인물이 나오기를 도민들은 기대하고 있다. 이 같은 기대감을 감추지 않는 도민들은 '이제는 단순 교육자 출신을 원하기보다는 교육행정과 일반종합 행정능력까지도 고루 갖춘 인물을 원하고 있다.'는 것이 지배적 여론이다.

교육도 '비지니스'로 통하는 현대교육은 모든 학교의 시설과 환경 그리고 학생들이 자유스러운 마음으로 몸도 마음도 모두 튼튼한 교육을 받도록 해야 한다. 내년 선거에 출마할 교육감 후보는 이런 교육관을 지닌 인물이 나와야 '비전'있는 교육이 될 것이라고 입을 모으고 있다.

현재까지 후보로 거론되는 사람은 4~5명이지만 기자회견을 통해 공식으로 출마를 선언한 군산 출신은 이승우 군장대학교 총장(58, 군산 출신, 경기고, 서울법대 행정학 박사)이다. 이 총장은 행정고시 24회로 순창군수와 전북도 기획관리실장 등과 부지사를 역임하고 현재는 학교법인 광동학원(유치원, 군산 중앙 중·고등학교, 군장대학교, 군장국제사이버대학교 등) 상임이사로 실질적 운영을 해오며 전북교원단체총연합회 회장을 맡고 있어 교육계는 물론, 도민들의 비상한 관심을 모으고 있다.

(2013. 10.)

안철수 결단, 남은 건 현명한 국민 몫이다

약속의 아이콘 안철수. 그는 이 땅에 '약속의 가치'라는 씨앗을 뿌렸다. '약속'은 인간 삶의 '생명'이라는 사실을 실증적으로 보였다. 즉 이 나라 이 땅의 7천만 민족에게 '약속'이 무엇인가를 우리에게 보이고 확인시켰으며 이 시대에 약속의 거장巨匠으로서 역사 중심에 서 있는 인물이라는 평가다.

2012년 11월 23일 저녁 8시 20분. 긴장이 감도는 순간, 온 국민은 텔레비전과 라디오에 눈과 귀를 기울이고 있었다. 혜성처럼 나타나 국민의 대표가 되겠다고 66일 동안 전국을 누비며 국민 앞에 머리를 숙인 안철수 무소속 제18대 대통령 후보의 기자회견을 듣기 위해서다.

문재인 민주통합당 후보 등 유력 후보 3명 중 상대 당과의 가상대결에서 우위를 점하고 있었기 때문에 대통령 당선의 가능성이 충분히 점쳐져 전 국민의 관심을 집중시키기에 충분했다.

그럼에도 불구하고 문재인 민주통합당 후보와 무소속의 안철수 후보는 역사 앞에 '후보 단일화'라는 국민적 여망을 기필코 이루어내겠다는 '약속'을 했다.

'정권교체'와 '정치쇄신'을 이루기 위해 두 후보는 후보등록 마감 전까지 '후보 단일화'를 이루어내겠다고 국민 앞에 공약한 것이다.

그러나 양쪽의 캠프에서 온갖 지혜와 정치공학의 수단을 동원했으나 단일화 협상은 '진척' '멈춤' 두 갈래 길에서 단일화에 기대를 걸고 있는 국민들의 애간장을 태우는 장면만을 연출한 것이다.

그런가 하면 공영방송 등 모든 매스컴은 문, 안 두 후보의 단일화에 대해 무차별적인 온갖 토론과 분석을 내놓았다.

특히 이 같은 텔레비전 방송에 대해 대다수 국민들은 '현란할 정도'라며 짜증을 부리기 일쑤였다.

매스컴 활용의 발전으로 인해 이러한 광경들은 새누리당 후보를 돕는다는 것이 오히려 역으로 두 후보에게는 '득'이 되는 결과를 가져다주었다는 평가도 나왔다.

이처럼 갖가지 현명치 못한 실상은 극에 달할 정도가 되면서 어느덧 후보등록 마감일이 다가왔다. 23일이란 날짜를 더는 넘길 수가 없는 시점에 다다른 것이었다.

긴장감이 감돌면서 긴박함이 더해가는 순간 양쪽 협상 팀 대표들이 성과물 없이 이날 저녁 7시 50분에 협상장을 나온 것이다.

이날 오후부터 '사퇴'라는 수단을 통해 '후보 단일화'의 국민적 약속을 지켜야겠다는 결심을 한 것으로 보여졌다.

극소수의 핵심 참모들에게 자신의 결심을 전하면서 회견문 준비에 들어간 것으로 보인다.

그러나 마지막 협상에 실낱같은 희망을 걸었으나 '결렬'이란 카드가 내밀어짐에 따라 즉시 준비된 회견문을 손수 작성하고 30분 뒤인 8시 20분에 회견을 시작한 것이었다.

"존경하는 국민 여러분! 저는 오늘 정권교체를 위해서 백의종군

할 것을 선언합니다. 단일화 방식은 누구의 유불리를 떠나 새 정치와 정권교체를 바라는 국민의 뜻에 부응할 수 있어야 합니다.”(중략)

“저는 얼마 전 제 모든 것을 걸고 단일화를 이루어내겠다고 말씀드린 적이 있습니다. 제가 후보 직을 내려놓겠습니다. 제가 대통령이 되어 새로운 정치를 펼치는 것도 중요하지만 정치인이 국민 앞에 드린 약속을 지키는 것이 그 무엇보다 소중한 가치라고 생각합니다.”(중략)

“국민 여러분! 이제 단일 후보는 문재인 후보입니다. 그동안의 불협화음은 꾸짖어 주시고 문재인 후보에게 성원을 보내주십시오. 새 정치의 꿈은 미루어지겠지만 안철수는 ‘새로운 시대’, ‘새로운 정치’를 갈망합니다. 국민 여러분의 고마움과 뜻을, 그리고 제게 주어진 시대의 역사와 소명을 결코 잊지 않겠습니다. 그것이 어떤 가시밭길이라고 해도 온몸을 던져 계속 그 길을 가겠습니다.”

이런 역사적 시대의 소명을 국민 앞에 바친 안철수 후보는 영원불멸할 ‘약속의 가치’를 국민에게 남기고 문재인 후보를 정권교체의 주역으로 만들어내는 데 앞장섰다.

‘절벽의 결단’이 얼마나 소중하며 ‘인간의 가치’를 대변하는가를 아는 국민들은 감격한 것이다.

이제 남은 건 ‘정권교체’와 ‘정치쇄신’이다. 기어코 달성하여 진정으로 서민대중과 인권으로부터 소외당하는 민초들이 없는 정치가 되어야 한다. 정치, 권력남용과 비리척결, 억울한 죽음을 당한 영혼들의 인권회복, 혹한에 떨며 배고파 못살겠다는 소외계층을 위한 복지정책 등 수없는 실효성 있는 정책들을 펴는 정권이 돼야 한다.

정권교체를 바라는 현명한 국민들의 절대적 지지 속에서 새로운 시대, 새로운 정치를 탄생시키는 과제는 이제 민주통합당과 문재인 후보에게 넘어갔다.

민주통합당은 안철수 전 후보의 결단과 국민과의 '후보 단일화'라는 대명제의 실현에 대해 이 나라 역사의 심판이 기다리고 있는 만큼 국민을 위해 목숨을 홀연히 바치겠다는 비장의 각오 아래 제18대 대통령 선거를 치러야 할 것이다.

안철수 전 후보의 결단의 뜻이 결코 헛되지 않아야 의미가 있다.

이제 정권교체를 바라는, 새로운 시대, 새로운 정치를 원하는 국민 모두는 현명한 판단으로 오는 12월 19일 제18대 대통령 선거에 임할 것으로 보여진다.

(2013. 5.)

변화와 혁신에 앞장서는 이현호 회장

군산상공회의소 이현호 회장은 '상공인의 보호를 뛰어넘어 비전 있는 경제상공 발전만이 군산을 살리는 길'이라고 강조한다. 이 회장은 '지금 세계적 경제의 어려움은 군산 산업단지의 주요수출업종인 자동차, 조선, 철강 등의 침체로 지역 상공업과 지역 경제도 흔들리고 있는 실정'이라며 답답한 심정을 털어놓았다.

군산상의 의원으로 시작, 2011년 12월 20대 회장(보선), 2012년 2월(정기) 21대 회장에 취임하여 2대째 역임하는 이현호 회장은"군산상의는 명실상부한 경제단체로서 개혁과 쇄신을 통해 지역 경제 발전은 물론, 상공인들의 권익을 대변하는데도 최대의 노력을 다하겠다."고 다짐한다.

지난해에는 군산 중, 고등학교 총동창회 회장에 당선되기도 한이 회장은 쉽지 않은 국제화사업에도 손을 뻗어 국제협력 사업으로 중국 청도에 통상사업소를 설치, 운영하며 금년 3월에는 역시 중국 위해시 방문단을 초청, 기업유치와 진출에 따른 간담회를 개최하기도 했다.

이 회장은 "기업애로 종합지원센터를 통해 군산지역 기업들의 애로인 법률, 회계, 노무, 자금 등에 대한 자문과 안내, 그리고 대정부

건의사항, 기업IT지원, 무역관련 증명발급, 고용산재사무조합대행, 특허, 지식재산상담, 창업지원안내, 인력지원 사업, 기업하기 좋은 인프라 조성, 새만금개발 사업에 차질 없는 추진의 동력역할 등 지역 현안에 대해서도 적극 앞장서겠다."고 힘주어 강조했다.

그런가 하면 "회원사와 상공회의소 사이에 네트워크를 강화하여 각 회사 책임자들과 유대사업을 발굴, 적극 추진하면서 진정 회원사들이 필요로 하는 군산상의가 되도록 하겠다."는 '군산상의 도약'을 펼쳐보였다.

또한 "지역기업의 경쟁력 강화와 지역경제 재도약이라는 목표달성을 위해 '우리는 머슴이다.'는 각오로 내부 쇄신에도 게을리하지 않겠다."고 역설한다. 상공인은 '우리의 주인'이기 때문이라는 것.

이현호 회장은 특히 맞춤형 인재를 전문 인력으로 양성하기 위해 전북인력개발원과 군산대학교 등에 위탁교육과정을 거쳐 취업하도록 하는 실질적 매칭에 중점을 두겠다고 했다.

또한 장년층 미취업자들을 위해 기업의 인턴기회를 주어 취업 가능성과 함께 의욕강화로 중견인력 재취업 지원을 실시하고 있다. 그 결과 이달 현재 15개 기업으로부터 80명 지원요청을 받아 49명이 재취업했다. 금년 한 해에 중소기업인턴제 사업은 88개 업체에서 190명의 지원요청을 받아 198명이 취업하여 이 중 47명은 정규직 사원으로 근무하는 성과를 거두고 있다. 이외에도 지난 2월 전국 71개 상공회의소 중 최초로 청년취업아카데미 사업 기관으로 선정되어 군산지역 대학졸업자 100명을 교육과 실습, 취업캠프운영 등 청년취업지원활동으로 일자리 창출에 전념하고 있어 '생동하는 군산상공회의소'를 만드는 데 대해 시민들은 물론, 회원사들로부터 상당한 호응을 얻고 있다.

또한 내 고장 상품 애용운동본부, 한국 지엠차 애용운동본부를 출범시켜 향토기업과 군산상의가 동고동락하는 경제운용체제를 갖추어 지역경제 살리는 데 모든 지혜를 짜내고 있어 상공인들로부터 '헌신적 노력을 한다.'는 평가를 받고 관심을 모으고 있다.

상공회의소 회장은 "국가경제와 지역경제, 그리고 상공업계 발전을 위해 헌신봉사하는 자리로서 막중한 책임감을 갖고 있다."는 이현호 회장은 "상공업이 발전하고 경제가 살아야 군산이 산다는 신념과 확고한 상의 운영철학을 갖고 주어진 여건에서 분골쇄신하는 각오로 열심히 뛰겠다."고 거듭 다짐한다.

이 회장은 임기가 시작되면서부터 교육, 간담회, 설명회만도 10여 차례가 넘으며 지역현안에 대한 해당 부처에 건의, 성명 등 15회나 되고 있다. 지역 현안이 대두되면 관련 부처 방문과 협의, 문제해결을 위한 협상 등 다양성 있는 업무수행에 몰두하고 있다.

"시대의 흐름과 급변하는 각종 기업, 그리고 경제 동향에 보다 많은 정보와 연구 분석이 가장 우선하고 그의 중요성이 사안의 판단과 바로미터가 된다."는 이현호 회장은 "항상 진행형이어야 한다."고 자신의 인생철학을 이야기한다.

(2013. 12.)

눈 오는 밤, 혼돈의 정국 그리고 '수송골'

2013년 11월 18일 군산의 초저녁 밤은 함박눈 천국이었다. '불통'과 '나는 나' '너는 너'하는 세상이 너무도 혼란스러워 잠시나마 잊어버리고 낭만에 심취되어 젊음의 세상으로 돌아가라는 것이 아니었는가 싶다.

이미 폐철로 흔적만 남아 있는 군산-옥구선 가운데 군산시 수송동 입구에 '수송골'이라는 주막이 하나 있다. 50대 후반인데도 장사가 처음인지라 아직은 수줍음을 잃지 않은 주모가 이집 주인이다.

이 자리에서 필자를 비롯하여 전효기, 조현식 전 도의원, 박정애 여류시인(환경운동가), 황준필 후배(사회운동가) 등 8명이 모여 황후배가 준비해 온 왕굴을 굽고 삶아 술을 한잔씩 했다.

우리 일행은 오후 6시에 모두 만나 연탄난로를 중심으로 원탁으로 된 식탁에 둘러앉아 맥주, 소주, 와인 등 세 종류의 술로 왕굴잔치를 벌인 지 30분도 안 되어 함박눈 세상이 된 것이다.

요즘 군산은 수송성당에서 박창신 신부의 강론 내용 일부가 문제 있다고 하여 박 신부(5·18 광주사태와 관련, 부상을 입어 다리 불구자임)가 종북세력으로 몰려 엄청난 정국의 한가운데에서 시련을 겪고 있는 상황이라 자연스럽게 화두가 되었다.

각자 약간의 흥분된 어조로 제발 이 나라의 장래와 역사의 심판을 두려워할 줄 알고 국민들의 진정한 마음을 헤아리는 위정자다운 정치를 했으면 얼마나 좋겠느냐는 탄식의 자리가 됐다.

뿐만 아니라 지난 11월 26일 교황청은 누리집을 통해 '프란치스코' 교황 자신이 직접 작성한 '복음의 기쁨'이란 주제를 발표한 내용에서 가난한 이들을 배제하는 고삐 풀린 자본주의를 '새로운 독재'로 통렬히 비판했다.

또 "교회가 손에 흙을 묻히는 것을 주저해서는 안 된다."며 더 나은 세상을 만들기 위한 현실참여를 강조했다.

이는 우리나라 성직자(천주교, 불교, 기독교, 원불교 등)를 포함한 세계의 모든 성직자들은 "사람으로 태어난 인간 본연의 마음을 버리지 못하게 해야 한다."는 뜻으로 풀이된다.

중앙 모 일간신문에서는 박근혜 대통령이 "국내외의 혼란과 분열을 야기하는 행동들이 많다. 국민의 신뢰를 저하시키고 분열을 야기하는 일들을 용납하거나 묵과하지 않을 것"이라고 말했다고 보도했다.

박정희 대통령은 1977년 2월 4일 이선중 법무장관으로부터 업무보고를 받는 자리에서 '현 단계에서 우리 사회의 최고 가치관은 민족의 생존과 국가의 보위다. 반국가, 반사회, 반윤리, 반시국적인 행위는 철저히 다스려야 한다. 우리 국민 대다수는 유신체제를 지지하고 있다고 생각한다. 그러나 아직도 극소수 인사 중에는 유신체제에 대해 불만을 갖고 민주주의와 자유가 어떠니 하며 이러쿵 저러쿵 말하는 사람이 있는데 이는 궤변이라고 보며 아직도 이를 깨닫지 못하는 사람에 대해서는 앞으로 가차 없는 법의 제재가 있어야 한다.'고

엄단을 촉구했다.

제 11대 전두환 대통령은 '정부는 대학에서 연구하고 공부하는 자유는 최대한 보장하겠습니다. 그러나 대학인들이 현실정치에 뛰어들거나 사회질서를 파괴하는 행위로 나올 때 이것은 안보적 차원에서도 결코 용납될 수 없다는 것을 명백히 밝혀 두고자 합니다.' 취임사에서 권력행사를 통해 엄단하겠다고 했다.

2004년 3월 11일 노무현 대통령은 '국민 여러분, 저에게 허물과 잘못이 있는 만큼 바른 자세로 더욱 열심히 노력해서 보상하도록 하겠습니다. 떳떳치 못한 사람을 그 자리에 두기에는 곤란하다고 국민이 인식할 때 언제든지 결단을 내리겠습니다.'라고 특별기자회견에서 밝혔다.

이 신문은 '위기상황에서 권력행사를 시사하는 언어구사의 비율을 보면 박정희 49.6%, 전두환 34.0%, 노태우 13.2%, 김영삼 6.4%, 김대중 3.9%, 노무현 0.9%로 나타났다. 이를 보면 권위주의 시대와 민주화 시대에 대통령의 연설문에 나타난 언어 수사적 역할이 완연히 다름을 알 수 있으며 민주 시대 대통령은 자세를 낮추고 국민에게 이해를 구하는 어조임도 확인할 수 있다.'고 했다.

이러한 언어구사를 보아도 '박근혜 대통령은 20대에 퍼스트레이디 시절 아버지의 연설을 가까이에서 흠모하는 마음으로 지켜보았을 것'이라며 이 시기는 '1970년대 후반기로 박정희 대통령의 말기'라고 했다. 이 신문의 필자 의도는 아버지의 영향을 많이 받았을 것임을 시사하는 것이다.

우리 일행들은 이런저런 잡담만 하다 누군가 '이 밤에 눈이 계속내리는 것은 어쩌자는 것이냐'고 하자 '모두 20~30대로 돌아가라고 하는 모양'이라며 너털웃음을 웃었다.

필자는 오늘밤 내리는 눈은 이 세상의 모든 지저분한 오물을 덮어 버리자는 것으로 여겨지나 태양의 힘에는 이겨내지를 못하고 녹아 내려 다시 오물의 흉상이 보일 것을 생각하면서 세찬 비가 내려 모든 오물이 멀리멀리 떠내려가면서 소멸되기를 기도하는 마음뿐이었다.

'교회가 손에 흙을 묻히는 것을 주저해서는 안 된다.'는 프란치스코 교황의 성직자들에게 보낸 권고문만을 되새기며 주막을 나섰다.

(2013. 12.)

안녕들 하십니까? 안녕 못 합니다

2013년 달력 한 장 남은 12월. 교내 대자보를 통해 고려대 주현우(4학년) 씨의 '안녕들 하십니까?'이 한마디로 가슴 뭉클한 한 해를 보내는 것만 같다.

잠자는 사자의 심정을 대변해주고 있다는 데서 사회 각계각층의 지식인과 가슴이 찢어질 듯한 국민들의 반향을 일으키고 있으나 '안녕치 못하다.'는 답변들이다.

이 고장 명문여고인 군산여고 채지연(1학년) 학생도 교내 대자보를 통해 '안녕들 하십니까?'를 밝혔다. 혈기 넘치고 패기에 찬 남학생들도 지켜보고만 있는 터에 가냘픈 여학생이 심장의 폐부에서 우러나오는 가슴 녹이는 고통스러움의 그 한마디를 토해낸 것이다. 이에 동의하는 국민들과 함께 군산여고 학생들도, 특정 지어지는 학생이 아니라면, 모두 동의했을 것이다.

그러나 이 대자보는 학교 당국에 의해 곧 철거됐다는 것이다. 무슨 마음으로 철거한 것인지는 '불문가지'로 여겨지지만 이는 사실 보도를 생명으로 아는 한 일간신문과 학생들의 입소문으로 군산시민만이 아닌 전 국민이 알게 되었다.

이 여학생은 고려대생 주현우 씨의 '안녕들 하십니까?'라는 대자보

내용이 전국에 삽시간에 일파만파 퍼져나가는 소식을 접하면서 며칠을 두고 밤잠을 설치면서 용기백배한 끝에 결단을 내리고 떨리는 손으로 '안녕들 하십니까?'대자보를 써서 붙였을 것이다.

의혈 소녀의 피 끓는 심정은 나라가 바로 세워져 국민이 '안녕합니다.'라는 답변을 쉽게 할 수 있다면 굳이 용단을 내리지 않았을 것이다.

필자는 3·1운동에 앞장서 독립을 외치다 의연한 죽음으로 일제에 항거한 유관순 열사의 독립정신이 핏속에 흐르는 이 여고생은 오늘의 현실을 직시하여 군산시민과 국민들에게 진정 '안녕들 하시냐'고 폭발적 메시지를 보낸 것이 아닌가 싶다.

우리 군산에 이러한 여고생이 있다는 사실에 군산여고의 동문들은 물론, 뜻있는 시민들은 한편으로는 나라에 대한 걱정과 우려를 갖고 있지만 또 다른 한편으로는 '의기와 정의가 넘치며 살아 숨 쉬는 가슴 뿌듯함'을 느꼈을 것이다.

군산이라는 지역은 개항 1백 년을 넘는 과정에서 쌀의 수탈과정과 구암동 독립만세사건, 일본인들의 폭거로 인한 짓눌린 생활, 6·25 전쟁, 4·19학생들의 혁명, 5·16군사 혁명 등 우리나라 역사의 궤를 함께해오면서 할퀴고 찢긴 역경을 지녔기에 특질고特質考를 지니고 있다.

곧 지방에서는 처음이고 그것도 군산여고에서 발생했다는 것에 대해 군산시민들은 간과해서는 안 될 일이라고 본다.

그만큼 군산시민 정신은 역사와 함께 '안녕합니다.'라는 답변을 듣기 위해 부도덕하고 불통의 이기주의에 빠지거나 정의롭지 못한 '나만이 최고'라는 소영웅주의에 몰입되어 있는 사람들을 단호히 배척

하고 안정과 희망을 주는 사회를 구가하고 그러한 지역 지도자들을 원하고 있다.

2014년 6월이면 광역, 기초 단체장과 의원선거를 실시한다. 이제 5개월 남짓 앞으로 다가왔다. 전국이 마찬가지이지만 우리 전북이나 군산시도 예외는 아니다. 이제 2013년은 역사의 뒤안길로 사라진다.

새로운 여성 대통령이 탄생되었고 남북의 초긴장 상태, 칼날 위를 걸어가는 심정의 독도, 이어도 등 영토를 둘러싼 문제, 한반도를 중심으로 한 열강문제 등 국제적 현안들로 휩싸인 상황에 국내 문제의 꼬인 실타래가 쉽게 풀릴 가능성마저 희박해 보여 '우려'라는 단어를 쓰지 않을 수 없다는 여론들이다. 이런 가운데 내년 지방 선거를 치르는 것이다.

필자는 단호히 밝히건대 이해를 넘기기 전에 여론을 종합해 보면 현 김완주 도지사와 문동신 군산시장은 이쯤해서 내년 지방선거에 '불출마선언'을 하는 것이 도민이나 시민들에게 '역사의 정도正道'를 보여줄 뿐 아니라, 따뜻한 애정과 아쉬움의 미덕과 아름다움이라는 모델을 영원히 각인시켜줄 것이라는 지배적 여론이다.

김완주 도지사에게 필자가 이미 '불출마선언'을 권유한 바 있다. 시대의 흐름과 도민의 진정한 여론, 배려가 아닌 더욱 새로운 패러다임을 주게 될 후배들에게 넘기는 결단을 내려야 할 때라고 본다.

머뭇거릴 필요가 없다. 남은 임기 6개월 동안 잘 마무리하면 그것이 한결 돋보이는 결과물이 될 것이다.

따라서 문동신 군산시장에게도 몇 번의 직간접적으로 '불출마선언'을 권유한 바 있다.

앞서 군산의 특질고에서 밝혔듯이 욕심이 지나치면 과욕이고 과욕이 노욕으로 발전하면 자칫 공들여 쌓아올린 '인격과 덕이 하루아침에 무너지고 만다.'는 사실을 '비운 마음'으로 사려 깊게 생각해볼 문제라고 고언(苦言)하고 싶을 뿐이다.

이제는 본인의 판단이 중요한 것이지 주변의 말잔치에 넘어갈 단계가 아님을 알아야 한다고 본다. 쓴 약이 병을 고치듯 쓴소리에도 귀를 기울여야 할 때이다.

말잔치꾼들은 자신들의 이해관계를 떠난 '고언'을 하지 않는다. '충성맹세'만 하는 것이 선거전에서 패인의 하나인 것이다.

최소한 문 시장은 농어촌공사 말직에서 최고경영자(CEO)인 사장의 반열에 올랐고 '한 번만'이라는 공약을 깨면서까지 두 번의 민선시장을 해내는 업적을 쌓았다. 그 사이에 대소 간의 시시비비 잡음도 없지 않았음에 대한 여론도 의식할 필요가 있다는 지적의 여론이다.

이러한 문제들을 떠나 후진들에게 물려주는 결단이 필요한 시점이다. 결코 '나 아니면 안 된다.'는 불통의 역사적 교훈을 곰곰이 생각해볼 문제라고 본다.

2013년을 보내면서 시민들과 함께 좋은 일은 남기고 궂은일, 그리고 역사의 질곡을 훌훌 털어버리면서 군산여고생이 바라는 '안녕 합니다.'라는 답변이 나오길 바라는 마음 간절하다.

(2013. 12.)

난장판 돼버린 국민과의 공약公約

정치인의 대국민 약속은 생명이다.

자연인끼리의 약속도 안 지키면 신용이라는 생명을 잃는 것이다. 하물며 국민을 대상으로 한 약속(공약)을 헌신짝 버리듯 내팽개치면 그 정치인은 정치사형선고를 받는 것과 똑같은 것이다.

그런가 하면 정치인이 아니라 해도 약속을 지키지 않으면 그 사람은 신용사회에서 버림을 받게 된다.

이것은 개인 간이나 단체 간이나 사회적 관계는 물론, 국제사회에서도 마찬가지이다. 정치적 관계를 떠나 비정치적 문제에 있어서도 약속도 사회구조의 변화로 '신용사회'라는 절대적 가치가 현실사회를 지배하고 있기 때문이다.

다양한 사회 양태가 급속한 변화와 함께 '약속'은 신용의 주체요 줄거리로서 '핵'역할을 하고 있기 때문이다.

'약속'이란 그만큼 사회 구성 요건에서 필요적 요소인 것이다.

지난 제18대 대통령선거에서 새누리당의 박근혜 후보나 민주당의 문재인 후보는 2014년에 실시하는 지방자치선거에서 기초선거는 정당공천제를 폐지하겠다고 공약으로 내세웠다. 이 공약은 대국민과의 약속인 것이다.

두 당은 정치개혁 특위까지 만들어놓고 사실상 1년에 가까운 세월을 보내면서 이렇다 할 개혁은커녕 기초선거 공천제에 대한 구체적 사안에 대한 논의조차도 없이 허송세월을 한 게 사실이다.

이러는 과정에서 기초선거와 관련하여 출마 여부를 저울질해 온 입지자들은 물론 이에 관심을 갖고 있는 국민들은 궁금증을 풀 길이 없었다.

지지부진한 기초 정당공천제 폐지 문제에 대해 다행히 민주당은 해를 넘기지 않고 폐지 여부와 관련하여 당내의 여론조사를 기초로 최종 폐지하는 것으로 당론을 확정지어 놓았다.

그러나 새누리당은 이렇다 할 아무런 의견조차도 내놓으려 하지 않는 지극히 소극적이거나 어쩌다 한 마디쯤 주사위를 던져보는 정도에서 그치고 말았다. 결국은 신년에 접어들어 황우여 대표가 신년 기자회견을 통해 현행대로 유지 쪽으로 가닥을 잡아가는 속내를 보이더니 결국 대통령 공약과는 아무 상관없이 깡그리 무시한 채 공천제를 유지하려는 당의 모습을 보이고 있다.

이에 대해 국민들은 '집권여당이 된 새누리당은 자연인 박근혜 후보의 공약인지 아니면 새누리당의 유령인 공약인지에 대해 알 수 없는 일'이라며 어리둥절하다는 여론이다. 설령 그렇다 해도 '국민이 납득할 만한 설득과 솔직히 공약 불이행에 따른 정중한 대국민 사과가 따르면서 이해를 구한다면 이는 문제가 되지 않을 수도 있지 않겠느냐'는 여론이다.

그러나 지방선거는 5개월도 채 남지 않은데다 예비후보 등록도 한 달여밖에 남지 않은 현시점에 와서야 슬그머니 현행 유지 쪽으로 방침을 내놓고 있으니 이것이 '국민을 우습게 아는 꼴이 되어버렸다는 데서 천하의 집권여당이 할 수 있는 일이냐'며 분노하는 것이다.

이것이 이 지역의 민심인 것이다. 이에 민주당은 '당력의 역부족만을 내세우며 끌려가 결국 현행유지를 따를 수밖에는 없으며 주민들의 볼멘소리를 두고만 볼 것이냐'는 여론이다.

이 지역 주민은 물론 당원들의 절대적 폐지찬성론자들의 여론에 따라 당론을 확정지어 놓은 데 따른 부담감이 전혀 없는, 당으로서는 차라리 잘되었다는 속내에 반기는 점도 없지 않으리라는 분석도 있다.

그러나 공천제가 없는 국회의원들은 자신들의 조직 관리 면에서 지역구의 황제 노릇이 그만큼 축소 내지는 절대적 권위를 잃는다는 위협감을 느끼지 않을 수 없을 것이다.

새누리당이나 민주당이나 지역구 국회의원이면 누구나 똑같은 생각을 염두에 두는 일일 것이다. 그러나 기초선거에서 단체장이나 의원들의 공천과정에서 빚어지는 국회의원들의 갖가지 횡포(?)에 대한 문제점에 대해서는 이미 잘 드러났다.

특히 단체장은 당내 경선이라는 과정에서 당내 대의원, 당원, 주민 등을 내세우는 갖가지 방법을 동원해 본 결과 공천제가 얼마나 모순이고 부작용을 낳고 있는가를 너무도 국민들은 잘 알고 있기에 공천제를 폐지해야 진정한 풀뿌리 민주주의의 본류를 찾을 것이라는 점에서 더욱 폐지를 바라는 것이다.

지금이라도 늦지는 않다. 새누리당은 민주당의 당론을 따르라는 것이 아니라 제 18대 대통령선거 당시 박근혜 대통령 후보의 2014년 지방선거에서 기초공천제 폐지 공약을 이제는 대통령이 되었으니 실천에 옮겨야 한다는 것이다.

그렇지 않아도 일부 공약에 대한 불신이 커지는 마당에 국민과의 약속을 지키지 않는다면 국민들은 누구와의 약속을 지킬 것이며 어떤 공약을 믿을 것이냐는 하소연이다.

정치인이나 자연인이나 약속(공약 포함)은 생명처럼 지켜야 한다. 국민은 결코 약속이 난장판이 되는 것을 원치 않는다.

(2014. 1.)

대한민국 팔자八字를 고치자고!

'팔자'가 사나우면 고치는 것이 순리일 것이다. 팔자八字는 국어사전을 보면 '사람의 한평생의 운수'라고 적혀 있다.

한평생 살아가는 과정에서 팔자가 좋으면 영화를 누리면서 고생하지 않고 잘 산다는 말일 것이고 팔자가 안 좋은 사람은 고생을 하면서 살아간다는 말일 것이다.

우리네 서민들뿐만이 아니라 제아무리 부귀영화를 누리는 사람도 '팔자론'을 펴기 마련이다. 어떻게 보면 토속신앙에 뿌리를 둔 하나의 정신세계 속에 존재하고 있는 것이 아닌가 싶다.

개인이나 국가나 '팔자'가 좋으면 편하게 잘살고 있음을, 국가는 국태민안國泰民安을 누릴 것이다.

이는 종교와는 아무런 상관이 없을 것이다. 그럼에도 우리나라 국민들은 잘못되는 일은 조상 탓, 잘되는 일은 내 탓으로 돌리며 잘살면 팔자가 좋아서, 잘 못살면 팔자가 안 좋아서라고들 한다.

이처럼 '팔자론'은 사람의 약한 마음을 흔들어댄다. 누구든 살아가는 과정에서 '팔자'를 말하지 않는 사람은 아마도 없을 것이다.

이 '팔자론'을 현실과 접목시켜 '대한민국의 팔자가 위기'라는 말들을 너 나 없이 해대고 있는 실정이라는 여론이다.

이 말을 분석해보면 눈앞에 다가온 제18대 대통령선거의 결과에 따라 나라의 운명이 좌우될 것이라는 내용이다. 이번 선거의 중요성을 강조하는 말일 것이다.

이는 함축된 말로 '정권 유지냐, 정권 교체냐'를 놓고 갑론을박하는 것으로 봐야 한다.

군소정당이 제외된 상태에서 새누리당의 박근혜 후보와 문재인 민주통합당 후보 두 명으로 압축된 현재 새누리당의 박근혜 후보를 당선시키면 '정권 유지'가 되고 민주통합당 문재인 후보를 당선시키면 '정권 교체'가 된다는 사실을 놓고 박빙의 논란을 벌이고 있다.

그동안 박근혜 후보와 새누리당은 각종 연설 등을 통해 결코 '정권 연장'이 아니라고 강변했다.

한나라당은 없어지고 새누리당만이 존재한다며 큰소리 내지만 이명박 정권을 탄생시킨 한나라당은 엄연히 새누리당의 전신이다.

간판만 바꿔 박근혜 후보를 내놓은 새누리당이 한나라당과는 무관한 정권 연장이 아니라고 떠들어댄들 국민이 납득하겠느냐는 것이다.

이는 세 살 먹은 아이에게 물어봐도 국민을 속이는 일이라고 할 것이라는 여론이다. 김 모씨(50, 군산시)는 '국민의 시선을 의식해야 할 것'이라고 새누리당을 겨냥한 쓴소리를 했다.

국민들은 나라의 '팔자'를 고치는 것이 좋을지, 그대로 두는 것이 좋을지를 놓고 갈등에 휩싸인 것이다.

그러나 '이명박 정권에서 5년 동안 너무도 경제실책 등 실망을 안겨주었기 때문에 이유없이 '팔자'를 고쳐야 새로운 세상에서 나래를 펴고 살아갈 수 있다.'는 하나 같은 주장들이다.

특히 '새로운 시대, 새로운 정치, 새로운 삶의 터전을 마련하는 것이 미래지향적인 국가로 발전할 수 있다.'라는 확신을 갖는 젊은이들이 '더욱 정권교체를 해야 한다.'고 하는 바람을 여실히 보여주고 있다.

며칠 남지 않은 대통령 선거를 앞두고 두 번에 걸친 문재인 후보와 박근혜 후보와의 토론보다 통합진보당 이정희 후보의 박근혜 후보에게 한 칼날 같은 송곳 질문에 '시원했다.'는 시청자가 있는가 하면 한편으로는 그 질문이 문 후보에게 역으로 비난이 돌아갈까 하는 염려를 하는 시청자도 있다.

그러나 문재인 후보에 대해 첫 번째보다는 두 번째가 보다 확실한 존재감을 주고 질문과 응답에도 진정성 있는 모습을 보여줌은 물론, 경제민주화를 포함한 정책 제시 등이 국민들의 생활에 실질적인 보탬이 되는 내용이었다고 박근혜 후보보다 후한 점수를 주는 고무적인 현상이 빚어졌다.

문재인 후보는 '재벌이 골목상권까지 침투해 떡볶이, 순대장사까지 해서야 되겠느냐며 이렇기 때문에 서민들도 활발한 경제활동을 할 수 있는 경제민주화를 확실히 이룩하겠다.'고 다짐했다.

또한 문 후보는 '새누리당과 박근혜 후보가 5년간 22조를 투자한 4대강 추진과 부자감세 등 무려 115개 반민생법안을 통과시키고 예산을 날치기 처리해 민생이 파탄났다.'며 이명박 정부의 책임론을 제기했다.

또한 "민생이 새 정치다. 국민의 삶을 돌보지 못하는 정권은 퇴장시켜야 한다."고 말하며 "이에 대해서는 박근혜 후보도 절대적 공동책임이 있다."고 역설했다.

이외에도 문 후보는 박 후보가 지난 2007년 대선공약으로 내세웠던 '줄·푸·세(세금을 줄이고, 규제는 풀고, 법질서는 세운다.)'의 성장을 중시한 이명박 정부의 기조와 다를 게 뭐가 있느냐며 줄·푸·세는 부자들과 재벌, 대기업 세금 줄여주고 규제 풀어주자는 것이고 이것이 이명박 정부와 새누리당이 했던 부자감세가 아니냐는 등 두 시간 동안 날카로운 질문과 답변에 최선을 다했다.

오는 12월 19일 제 18대 대통령선거는 2일밖에 남지 않았다. 특히 미래지향적인 젊은이들의 판단대로 '팔자'를 고칠 것으로 예견돼 주목되고 있다.

대통령 선거는 국민의 삶의 운명을 좌우한다.

(2013. 5.)

박근혜 정부는 48%가 중요하다

대한민국 헌정사상 최초로 여성 대통령이 탄생했다. 2013년 2월 25일 0시를 기해 대통령 고유권한인 국군통수권을 이명박 대통령으로부터 인수받음으로써 대통령 직무를 시작한 것이다.

이날 낮 11시에는 국회의사당 앞마당에서 7만여 명의 국민대표 등 초청인사들 앞에서 박근혜 여성 대통령은 외국 사절들을 포함한 내·외 귀빈들이 지켜보는 가운데 성대한 취임식을 가졌다.

이로써 박근혜 대통령은 대한민국의 제 18대 대통령이 되었으며 명실상부한 이 나라 최고의 지도자가 된 것이다. 박 대통령은 아버지 고 박정희 대통령에 이어 대통령이 되었기에 정부수립 이후 부녀父女 대통령이라는 첫 기록을 세웠다는 의미도 있다.

이처럼 '최초'라는 부녀 대통령, 여성 대통령 기록의 보유자가 된 데 대해 박근혜 대통령의 취임을 축하하며 성공하는 대통령이 되기를 축원한다.

이날 박 대통령은 취임식 참석에 앞서 국립현충원에서 방명록에 '경제부흥, 국민행복, 문화융성으로 희망의 새 시대를 열겠습니다.' 라고 기재했다.

이는 경제 부흥 없이 국민의 행복도 문화 융성도 기대할 수 없다는 취지에서 경제를 최우선시한 것으로 풀이된다. 지금 2%를 제외한 98%는 경제의 늪에서 건져주기를 갈망하고 있다.

이러한 박 대통령의 경제 살리기는 당장은 설득력이 있어 보인다.

그러나 이의 실현이 제대로 이루어지지 않을 경우는 이명박 대통령이 경제 살리기 성공 구호로 대통령에 당선됐으나 실현에 실패한 경우를 지켜보았기 때문에 더욱 큰 실망은 말할 것도 없이 규탄의 대상으로 전락되고 말 것이란 우려를 안고 있는 것이다.

이제 국민들은 두 번 다시 속지 않겠다고 다짐하고 있다는 사실을 인식해야 한다.

국민들은 '국민 행복 시대'라는 국정 철학도 중요하지만 '희로애락'을 함께할 그런 이웃집 '아주머니'같은 푸근한 사이가 되어주기를 바랄 것이다.

이웃집 '아주머니'가 되려면 먼저 소통하는 대통령, 격의 없는 국민과의 대화, 제아무리 화가 나는 일에도 법치주의를 지키되 사랑과 애정, 그리고 포용으로 안아주어야 할 것이다. 삶의 아픔을 견디기에 힘든 국민이 어디 없는지를 찾아 어루만져주어야 할 것이다.

경제부흥도 좋고 새로운 정책도 모두 좋은 일이지만 자칫 경제적 노예가 되는 것보다도 '인간의 참사랑' 즉 '휴머니즘'을 원한다는 사실에 대해서도 간과해서는 안 될 것이다.

이것이 곧 98%에 해당하는 국민들 가운데 대부분이 기대하는 '삶'의 가치인 것이다.

'한 끼니를 굶는 한이 있어도 경제적 고통이 아닌 마음의 고통이 없기를 바란다.'는 취지일 것이다.

박 대통령은 52%의 지지를 얻어 대통령에 당선됐다. 이 52%는 겨우 절반을 넘어섰을 뿐이지 절대적 지지에 의해 당선된 것이 아니다. 그렇기 때문에 2% 모자라는 지지율로 과반을 못 넘어 패배를 하게 된, 거의 50%에 해당하는 국민들이 지켜보고 있다는 사실을 기억해야 한다.

52%의 지지자들을 포함한 전 국민들은 기대하는 만큼 국민들과의 약속을 잘 지켜내는가를 바라보면서 성공하는 대통령이 될 것인가를 가늠하게 될 것이다.

박 대통령은 취임사에서 '새로운 행복 시대'를 열면서 약자의 눈물을 닦아주겠다는 등 민초들의 아픔을 달래주며 이들의 고통을 덜어주는 데 최선을 다하겠다는 약속을 했다.

국민들 가운데에서도 특히 헐벗고 삶에 지쳐 고개 숙인 민초들은 진정한 희망을 기대하며 오늘도 냉기 서린 쪽방에서 노구를 이끌며 방문을 열고 '희망보따리'가 오기를 학수고대하고 있다는 사실을 박근혜 정권은 직시해야 한다.

소통과 통합, 그리고 상생하며 민주적이고 권위주의를 과감히 박차고 개방성을 지향하여 국민이 원하는 첫 여성 대통령으로서 이 나라 역사에 성공한 대통령으로 기록되기를 기대한다.

특히 소외계층으로 분류되는 국민의 마음과 손을 잡아주는 그런 대통령, 지금 비정규직으로 한 직장에서도 서러움을 견디어 내야 하는 이들의 정규직화 하는 일들, 경제적 약자라는 닉네임을 말끔히 씻어주는 그러한 대통령을 기대하고 있다.

'국민을 위해 모든 걸 다 바치겠다.'고 한 국민과 약속이 결코 헛되지 않으리라 믿어 의심치 않는다. 삼천리강산의 7천만 민족을 위해 새로운 '창조적 역사'라는 이정표를 세운 박근혜 대통령의 국정철학 실현을 지켜볼 뿐이다.

김완주 도지사는 3선 포기하라

조선 시대에는 평양감사도 본인이 하기 싫으면 안 한다고 했다. 정부 수립 후 대통령이 임명한 지사라면 본인이 하기 싫으면 안 할 수도 있었다.

그러나 선거직 도지사는 도민이 나가라면 절대로 안 나갈 것이며 특별한 하자가 있어도 안 나가려고 발버둥을 치면서 버텨왔다.

선거직 도지사는 도민들이 선출하게 되어 있다. 도민들이 뽑기 싫으면 안 뽑으면 그만이다. 그런데 문제는 민주주의 국가 선거제도가 50%에서 1표만 많아도 당선이 된다는 것이다. 이처럼 49.999%는 소용이 없다. 50%에 달하는 유권자들과는 상관없이 당선의 영광을 누리는 것이다.

박근혜 대통령도 48%가 반대했으나 52%의 찬성으로 당선돼 오늘의 대통령직을 차지하고 있다. 각종 대의 선거는 편리한 점도 있지만 문제점도 없지 않다.

내년 4월에 치를 전북 도지사 선거에서는 전북 도민 가운데 김완주 지사 3선에 출마를 지지하는 사람들도 상당히 있을 것으로 추정이 된다.

특히 김 지사로부터 수혜를 입은 사람이 있다면 그들은 두말할 나위 없이 3선에 도전하라고 엄청난 입술 놀음을 하고 있을 것이 뻔하다. 김 지사는 이러한 달콤함에 넘어가서는 안 된다.

지금 김 지사의 깊은 마음을 아는 사람은 오직 본인뿐일 것으로 보인다. 김 지사는 어려운 가정형편에도 명석한 두뇌로 사안의 판단력이 올발라 전주고등학교와 서울대학교를 졸업, 행정고시에 합격하는 영광을 안은 수재다. 내무관료 출신인 김 지사는 관선인 고창군수, 남원시장을 거쳐 전주시장을 민선시장으로 2회나 거쳤으며 역시 민선 전북도지사를 두 번째 역임하고 있다.

기초단체장, 광역단체장 등을 20년 가까이 해내는 기록도 세웠다. 더 부러울 것이 없을 정도다. 국회의원만 못했을 뿐이다.

이제는 도민들이 김 지사의 행정력이나 정치적 능력이나 알 만큼 다 알고 있는 실정이다. 만약 3선에 도전하여 도민들에게 어떠한 내용의 공약을 내걸어도 실현성이나 신뢰도에서 충분한 판단할 정도가 되었을 것으로 믿어 의심치 않는다.

그렇기 때문에 더는 도민들과의 희미한 약속보다는 오히려 아쉬움을 남기는 결단이 김 지사 자신을 위하는 길이 아닐까 싶은 생각이다.

지금 전북은 안철수 신당 창당을 앞두고 정치권이 요동치는 수순에 접어들고 있는데다 도민이 찾고 있는 새로운 인물이 자천 타천의 출마 후보 맹수들이 넘나들고 있는 게 현실이다.

도민들은 이제 새로운 인물을 찾고 있으며 그동안 도민들을 위해 최선을 다한 김 지사에게는 더 이상 기대하지 않는다는 사실을 인지하지 않으면 안 되리라고 본다.

자칫 잘못하면 그동안 쌓아올린 인생의 보람마저 한순간에 무너

뜨릴 수도 있다는 점을 깊이 성찰했으면 한다. 필자는 구체적인 공과를 말하는 것보다는 김 지사 자신이 먼저 과욕인지 아니면 도민에 대한 봉사를 할 일이 무엇이 남아 있어 더 하겠다는 것인지에 대해 묻고 싶다.

제아무리 행정의 달인이고 정치적 능력이 있는 정치인이란 평가를 받는 것도 한때일 뿐이라는 사실은 주위에서 얼마든지 보아왔다.

김완주 지사는 오는 연말 안에 3선 출마 여부를 밝히겠다는 의중을 밝힌 바 있으나 도정 수행 면에서는 하루빨리 출마하지 않겠다는 의지표명을 하는 것이 옳을 듯싶다.

그래야 임기 말까지 최선을 다하는 '아름답고 책임 있는 지사'라는 평가를 제대로 받을 것이다. 그것이 곧 전북을 사랑하고 돕는 일이라고 본다. 민선 지사로서 전북 역사에 길이 남는 것은 물론, 도민의 뇌리에 아쉬움이 남는 도지사가 되기를 바라는 마음이다.

(2013. 11.)

무조건 박수나 칠 일이지

"구경이나 하고 떡이나 얻어먹어라."참으로 좋은 말이다.

이대로라면 세상에 무슨 시비, 무슨 잔소리, 제사상에 감 놔라 배 놔라 할 필요가 무엇이 있겠는가.

이쯤이면 평화스러운 게 아니라 태평성대가 아닐까 싶다.

이런 일이 꿈이 아니고 현실이라면 국민이 추구하는 이상적인 세계가 아니라고 어느 누구도 부정할 수 없을 것이다.

지금 우리는 너무도 팍팍하고 갑갑한 세상을 살아가고 있기에 세상사는 맛을 모르며 조그마한 일에도 신경이 날카로울 대로 날카로워 칼날 위를 걸어가는 듯한 아슬아슬함이 도사리고 있는 것이다.

필자는 최근 주변 사람들로부터 '지금 군산시정群山市政이 어디로 가는지, 무엇을 얼마나 어떻게 만들어져 가는지를 도무지 알 수가 없다.'는 힐책을 듣고 있다.

곰곰이 생각하지 않을 수 없는 일이라고 여겼다.

지금 우리나라는 지방의회가 있고 민선기초단체장이 있는 엄연한 자치 시대를 구가하고 있다. 그런데 무엇이 문제라는 것인가.

한편으로 작금의 현실이 어떠한지에 대해 꼼꼼하게 더듬어볼 필요가 있음을 염두에 두고 과연 어떤 현실인지를 살펴보았다.

지방의회는 5·16 군사 쿠데타로 해산된 지 30년 만인 1991년에 부활되어 광역과 시·군·구의 자치구는 의회를 구성했다.

그로부터 4년 후인 1995년에는 광역은 물론, 기초단체장이 주민들의 손에 의해 선출됐다. 어느새 의회는 22년의 역사를 지니고 있으며 단체장은 18년의 자치 시대를 열어왔다.

지금쯤은 유년기를 지나 청년기에 접어들었다. 자체적으로 넓고 넓은 우주 시대에 걸맞는 자치 시대를 열어감에 있어서 주민은 물론 어느 세력으로부터도 냉철한 판단을 받을 만한 역량을 지녔다고 봐야 할 것이다. 모진 세월을 통해 뾰족한 모서리가 둥근 원을 이룰 만큼 단련되었기 때문이다.

의회는 의회대로 기초단체는 단체대로 시행착오를 겪을 만큼 겪었기에 이제는 착오란 있을 수 없다.

따라서 벽돌 한 장을 쌓는데도 시행착오를 통한 오점의 모순을 알기에 벽돌 한 장이라도 제자리에 놓을 수 있으리라는 기대들이다.

지금 군산시는 도시 미관사업과 녹지사업, 상하수도 사업, 역사박물관, 백토고개 지하도 사업, 예술의 전당, 근대경관 조성사업 등 많은 사업들을 조성 중이거나 완공했다.

여기에 소요된 예산만도 몇백억이 아니다. 일일이 따질 수는 없으되 이는 시민의 혈세가 투자된 것이다. 국고나 도비도 결국은 국민의 혈세임에 틀림없다.

문제는 이러한 사업들이 과연 바람직하며 시민들을 먼저 생각하는 사업들이냐는 것이다. 모든 사업은 우선순위가 있으며 그 사업이 꼭 필요한가를 따져야 한다. 언젠가는 해야 할 사업들이라고 한다면 다행스러운 일이나 그렇지 않다면 굳이 지금 많은 예산을 들여 사업을 벌여야 할 일이 아니다는 것이다.

그런 사업이 아니라도 당장 시민들이 먹고사는 데 도움이 되는 사업을 구상하여 추진해야 하는 터에 그런 사업부터 하는 것 때문에 시민들의 불만과 볼멘소리가 나오는 것 아니겠는가 하고 지적한다.

근대역사박물관이 그렇게도 급한 사업이며 예술의전당도 시급을 다툴 만큼 급한 일이냐는 것이다.

어차피 KBS건물을 매입했으므로 그 건물과 현재의 시민문화회관 건물을 병행해서 사용할 경우 현재의 군산시 인구로서는 그런대로 감당할 수 있을 것이라는 분석이고 보면 과연 올바른 사업인가를 돌이켜볼 일이다.

그토록 많은 예산을 들여 매입한 건물에 호화판 문화원을 입주시키는 일이 그렇게 중요한 일이냐는 지적이다.

신축 중인 전당의 준공을 예산 부족으로 내년으로 미루는 일만 보아도 얼마나 무모하며 실적 위주의 행정 아니냐는 비난을 면키 어려운 일이다.

또한 월명동의 근대경관 조성사업도 그러하다. 많은 예산을 투입, 가옥들을 매입하여 개항 초기의 건축물을 완전 복원한 것은 군산의 원도심 살리기 일환인지 아니면 개항 초기의 일본식 가옥을 복원하여 식당가를 만들어 보겠다는 것인지 군산 원도심의 정체성을 혼돈케 만든 것밖에는 안 된다는 지적들이다.

또한 지난 8월 13일 물 폭탄을 맞아 엄청난 재산피해를 입고도 이렇다할 뾰족한 보상책도 없는 터에 날짜가 지나면서 흐지부지되는 것 아니냐는 회의감에 멍들어 있는 피해 시민들은 죽을 지경인데 시 당국은 화려한 치적사업들에 혈안(?)이 되어 있는 게 아니냐고 원성들이다.

지난 1995년 자치단체장 선거를 치른 이후 3명의 시장을 거치면서 과연 군산의 발전은 무엇이며 비전은 무엇이냐는 것이다.

해망동 앞 해상공원의 소유는 어디로 갔으며 새만금사업과 관련하여는 시민들에게 무슨 소득원이 발생했느냐는 것이다.

심지어는 재래시장인 공설시장의 경우도 원 입주민들은 지금도 연일 농성 중이다. 지금까지도 해결의 실마리를 못 찾고 있는 시점에서 상인들은 방황하고 있는 실정이다.

이러한 것을 감안해 본다면 시 당국은 누구를 위한 시정 운영이 되고 있는가를 짚어볼 일이다.

결코 세월이 약이 될 수 없다.

(2013. 4.)

박근혜 당선자가 해야 할 일

'민생 대통령되겠다.'는 국민과의 약속은 반드시 실천에 옮겨야 한다.

5천만 국민은 그 약속을 지켜보고 있다.

대한민국에 민주주의가 탄생된 이후 여성 대통령이 뽑힌 것은 처음 있는 일이다. 이 나라 역사에 한 획을 그은 것이다.

그것도 아버지인 박정희 대통령에 이어 그 딸이 대통령이 되었기에 부녀父女 대통령으로 기록된 것이다.

신기록을 세운 박근혜 대통령 당선자는 내년 2월에 정식으로 대한민국 제18대 대통령에 취임한다. 박 당선자는 선거 기간 동안 민주통합당 문재인 후보와 정책을 포함한 갖가지 대결을 벌였다. 그중에서도 헤아릴 수 없는 공약의 난무함을 보였다.

일단은 선거가 끝남에 따라 폭풍이 지나간 듯 사회적 안정을 하루 빨리 찾는 일이 최우선되어야 한다. 정권 인수위원회 준비를 포함한 업무가 산적해 있을 것이다.

그러한 업무도 중요하지만 박 당선자가 해야 할 일 가운데 무엇보다 '국민 대통합'은 약속한 일인 만큼 선거의 후유증을 가라앉혀 사회 안정을 찾도록 하기 위해 빠를수록 좋은 일이다.

그동안 격전에 격전을 거치면서 과거와는 달리 선거전이 많이 치열하고 국민의 마음과 눈이 무섭다는 사실을 실감했으리라 여겨진다.

모든 국민들은 하나같이 초박빙의 선거전이라는 데에 부정하지 않았을 것이다. 그러나 결과는 오차범위를 넘나든 박근혜 당선자가 51.55%(1,5773,128표), 문재인 후보 48.00%(1,4692,632표)로 108만 496표 차로 문 후보를 따돌렸다.

'보수 대 진보'로 짜여진 1대 1의 대결구도에서 그동안 대통령선거에서 없었던 과반수를 넘기는 기원도 마련했다. 영남지역의 철저한 결집이 이번 선거를 만들어냈다.

이번 선거를 통해 호남과 영남의 지역 패권주의는 국민 대통합이라는 박 당선자의 공약을 무색하게 함은 물론, 오히려 '틀'을 잡아줬다.

역사의 날인 2012년 12월 19일 투표 마감 시간인 오후 6시에 온 국민의 두 눈은 텔레비전 화면 앞에 있었을 것이다.

여성 대통령이 탄생하느냐, 정권 교체가 되느냐를 예견하는 지상파 3개 방송사가 출구조사 결과를 동시 발표한다는 예고 방송에 관심이 집중되었기 때문이다. 최소한 정치에 관심이 많은 유권자들은 시선을 모았을 것이다.

문재인 후보 쪽은 물론, 지지를 보낸 국민들은 출구조사 발표가 1.2%라는 오차범위에다 5시 이후의 젊은 유권자들의 투표에 기대를 걸고 '조금 결과를 지켜보자.'며 설레는 모습들이었다.

조마조마한 마음을 움켜잡고 기다리는 표의 수치는 점점 멀어지며 9시가 지나면서 여기저기서 탄식의 소리가 들리기 시작했다. 드디어는 눈시울을 적시는 국민의 숫자가 늘면서 바닥에 주저앉고 말았다.

문턱에서 좌절의 쓴맛을 본 1천5백만여 명에 이르는 국민의 마음을 추스르게 해야 한다. 문제는 지금부터다.

'100% 국민대통합'에 이어 '모두가 잘사는 국민행복국가'를 만들기 위해 경제민주화와 일자리, 복지, 대한민국 중산층 70%재건, 안전한 대한민국. 그뿐인가. 당장 경제위기 극복, 정치쇄신 등 현안이 기다리고 있다. 국민은 느긋하게 기다려 주지 않는다.

환호와 탄식의 교차점에서 승리를 거머쥔 박 당선자는 어머니인 육영수 여사의 변고로 어머니 대신 퍼스트레이디 역할을 했으며 정치적 우여곡절도 겪었지만 18대 대통령으로 당선됨에 따라 34년 만에 청와대에 재입성하는 영광을 안았다.

이런 영광을 안은 박 당선자는 이번 선거과정에서 상상을 초월한 민주당 고위 당직자 출신 중 정치적 소신과 이념을 달리한 정치적 배신자들까지 데려갔다.

여기에 정치적 소신을 헌신짝 버리듯 하는 자칭 보수로 분류하는 사람, 여권을 넘보는 정치적 철새 같은 노폐한 사람까지 모조리 껴안았다.

이러한 보수결집은 결국 하나의 보수로 묶는 데 성공했다. 이렇게 모인 사람들은 하나같이 손을 내밀 것이다. 정치적 구걸을 당연시할 부류가 있을 것으로 예상된다. 세칭 수혈그룹, 친박 핵심, 3인방, 핵심보좌, 친박 실무, 원로그룹 등 3~40여 명에 이르고 있다는 보도를 접하면서 그들이 과연 박 당선자에게 충언을 할 수 있을지 의문이다.

때로는 이들의 잘못된 판단을 박 당선자가 그냥 넘긴다면 그로 인한 피해자는 곧 국민들이기 때문에 우려하지 않을 수 없다.

만약 인의장막에 가려 박 당선자의 소신과 정책이 빗나간다면 정치적 생명에 치명타를 입을 수 있어 국민과 소통하는 대통령이 돼야 할 것이다.

어쨌든 이제 박 당선자는 선거 기간 동안 국민 앞에 내놓은 공약을 성실히 지켜야 한다. 이는 두말할 필요도 없지만 항상 '약속'은 꼭 지키는 사람이라고 공언을 해온 터이니 지켜볼 일이다.

특히 '여성 시대'의 문을 활짝 열어놓은 주역이 되기도 했다. 그것도 국민의 직선에 의해 당선된 여성 대통령이 되었기에 더욱 의미가 있다.

(2013. 5.)

비난 일삼는 것은 패색이 짙다는 뜻

요즘 대통령 선거전을 보면 여권은 '공격성 비난', 야권은 '가치 없다.'고 소극적 방어전이다.

여권은 수세에 몰리는 듯한 여론에 따라 공격을 하면서 맹비난을 일삼고 있는 것이다.

여기에 반해 야권통합을 눈앞에 둔 민주통합당은 문재인, 안철수 두 후보 중 한 사람으로 단일화가 성사되면 선거는 하나마나하는 것 아니냐는 낙관론에서 나오는 현상도 무시할 수 없는 여론이다.

후자에 영향을 받는다는 판단이 아니면 굳이 후보 단일화와 관련해서 일일이 시시비비를 하는 것은 구태의연한 정치 행태가 아니냐는 등 별스러운 비난을 다하는 인상이다.

게임에서도 야구나 축구를 보면 선수가 힘에 겨운 사실이 인정되면 선수를 교체시켜 상대를 누른다. 감독과 코치들은 서로 협의하여 지친 선수로는 안 되겠으니 상대를 이길 수 있는 선수로 교체시킨다.

이와 크게 다르지 않은 선거라는 게임에서도 여야를 막론하고 후보를 내기 위해 예비선거를 통해 그중에서 국민적 호응을 감안하여 최종 후보를 낸다.

오는 12월 19일 18대 대통령선거에서도 현재 새누리당은 일찍 유력 후보를 정해놓고 선거전을 벌이고 있다.

그런가 하면 야권의 유력 후보는 민주통합당에서는 문재인 후보, 무소속 유력 후보는 안철수 후보 두 명으로 압축되어 있다.

군.소 정당이나 무소속 후보들은 논외의 인물들로 3명의 압축에 못 들어가고 있어 결국 게임은 여권 1명, 야권 1명의 대결구도로 짜여질 게 뻔하다.

문제는 야권에서 문재인, 안철수 두 명은 후보선언 이전부터 두 사람이 본선에 출마한다면 여권후보의 승리로 정권 교체는 불가함에 따라 결국 실패로 돌아갈 가능성이 있다고 했다.

그러므로 무소속의 안철수 후보와 민주통합당 문재인 후보는 어떤 경우로라도 후보 단일화를 해야만 정권 교체라는 대명제로 지지 국민들에게 부응할 것이라는 여론이었다.

이처럼 양쪽 진영은 일찍부터 두 사람의 커다란 정치적 협상을 통해 후보 단일화란 국민적 과제로 주어진 사명을 다하기 위해 협상 팀을 구성하여 현재 진행 중이다.

이 두 사람의 선거캠프에는, 그중에서도 민주통합당은 선거의 귀재들뿐만이 아니라 이 나라의 여야 경험을 함께 갖고 있는 인사들을 포함한 전문분야별 대학교수들로 꽉 차 있다.

이들 정책전문가들은 여권의 어떤 정책에도 앞서는 것은 물론, 국민들의 마음을 흔들어 놓고 있는 게 사실이다.

그런가 하면 안철수 캠프에서도 비정치인들을 주축으로 함은 물론, 정치인도 다수 참여하는 매머드 캠프를 마련했다.

여기에서 쏟아지는 각 분야별 정책들은 지금까지 들어보지 못한 정책들로 국민에게 감동을 주고 있어 비상한 관심을 모으고 있다.

이 두 캠프에서는 최종적으로 후보들이 갖고 있는 국정철학이 담겨진 내용들만을 발표하고 있는 것으로 알려지고 있다.

그럼에도 불구하고 통합과정에서 도출되는 일정이나 팀 구성이 발표되면 의례히 구태정치 운운하는 등 남의 잔치상에 감놔라 배놔라는 식의 비난이나 일삼을 정도면 대부분의 국민들은 눈살을 찌푸릴 것이라는 사실을 알아야 한다.

집권 여당으로서 진정한 의미의 정책대결 차원에서 국민이 원하는 정책개발을 발표하는 것이 훨씬 도움이 되리라고 보여진다.

이러한 사실을 몰라서는 아니겠지만 그래도 해봐야 하리라고 보인다. 문제는 현재의 계획대로 야권통합이 이루어지면 폭발적 국민의 환호를 잠재울 만한 대안이 무엇이며, 이를 커버할 폭과 깊이에 문제가 있는 것이 아닌가 싶다.

지금 국민들은 후보 단일화가 늦어지는 것에 불만이 크다.

두 캠프에서 따로 발표한 정책과 공약들에 대한 내용을 하나로 묶어 정리해야 하는 문제뿐만이 아니라 양쪽에서 발표한 내용에 빠진 것이 없다는 보장이 없다. 또한 두 캠프의 정책개발 전문가들이 하나의 팀이 되어 국민의 가려운 곳을 긁어주는 일을 해야 한다.

이런 문제 외에도 기간 내에 후보 단일화를 성공적으로 이끌어낸다면 모르지만 그렇지 않을 경우에 대비해서 서둘러야 한다는 것이다.

두 캠프는 의연한 자세로 정권 교체라는 차원에서 두 후보가 동의한 '국민만을 보겠다.'는 약속을 지켜냄으로써 여권의 맹비난을 극복하고 정권교체를 이루어내리라고 보여진다.

따라서 여권은 패색이 짙다는 인식을 주는 것보다는 덕담은 못하더라도 비난은 하지 않음이 본연의 자세가 아닌가 싶다.

(2013. 5.)

5부
탕평론에 희생되는 전북

중국에서

탕평론蕩平論에 희생되는 전북

이제는 전북은 '전북'이지 '호남湖南'이 아니다. 전북을 호남이라 '칭'하는 시대는 지났다. 조선 8도를 가리킬 때 전라도였고 그 후 전라도가 호남으로 명칭이 바뀐 것이다. 전라북도, 전라남도를 합쳐 호남으로 불리는 것이다.

역사적으로 거슬러 올라가면 조선 시대에 전라감영이 나주(지금의 전라남도 나주시에 소재. 전남, 광주전역 관할) 목사와 제주 목사에 대한 임면권을 가졌다. 예컨대 지금의 전라북도와 전라남도, 제주도를 전주에 소재한 전라감영이 관할한 것이다. 이 시대에는 전라도라 하든 그 후 호남이라 하든 어떤 명칭에도 크게 영향을 받지 않고 자존에 관한 문제까지도 커다란 인식의 차이를 두지 않았던 시절이었다.

그러나 지금은 다르다. 엄연히 행정구역상 전라북도, 전라남도, 광주광역시, 제주도로 분리되어 있다. 그럼에도 중앙정부는 이 3개도를 편의상 또는 지역을 통칭할 때는 여지없이 '호남'이라고 칭한다.

전라북도와 전라남도는 행정구역으로도 다르지만 주민들의 성격과 성향도 본질적으로 다르다. 생활 문화도 다르다. 음식의 조리법도 다르다. 제일 먼저 표시나는 것이 '말씨'나 '말투'다.

이런 관점에서 본다면 유사점이 거의 없는데도 지역을 통칭할 때는 호남이라고 표현하고 있다. 이는 지역의 동질성을 따지기 이전에 오랜 지역 관할이라는 점을 배경한 것이 아닌가 싶다.

시대의 흐름은 이를 용납하지 않는다. 단적인 예로 지방자치단체의 주체가 다르다는 사실을 알아야 한다. 전북과 전남, 광주, 제주가 상호 간에 이해가 충돌하는 경우가 발생한다면 어느 지역도 희생과 배려에 의해 양보하는 경우는 생각 자체를 말아야 할 것이다.

그만큼 모든 사안에 대해 첨예한 신경전이 벌어지고 있다는 사실이다. 이는 지방자치제가 실시되고 있음의 반증이다.

중앙의 인사와 지역개발사업, 주요부처 유치 등에서 서로의 지역 이권을 먼저 생각한다는 사실은 선거 직 단체장이나 주민들의 관심이 그만큼 높은 수준에 와 있음을 보여주는 것이다.

이러한 상황에서 박근혜 대통령 당선인의 내각과 청와대 주요 보직 인사를 보면 호남 운운하면서 전북 고창 출신 진영 한 분을 보건복지부 장관에 내정했다고 발표했다. 그러나 진 장관 후보자는 알짜배기 전북인이 아니라 선대의 고향이 고창이라는 것뿐이지 본인은 고창에서 출생한 것도 아니고 성장과정에서 생활한 것도 아니다. 전북 출신으로, 아니면 서울로 발표할 것인지를 놓고 오락가락했다는 보도이고 보면 얼마나 궁색한 전북 출신이냐는 것이다.

이것이 인사 '탕평론'에 의한 '탕평책'이라고 한다면 이는 분명 전북 도민들을 우롱하는 짓에 불과한 일이다. 태어나서 살아온 사람이 아니면 전북에서 출생했거나 아니면 선대의 고향이지만 단 얼마라도 살았거나 또는 초등학교 1년이라도 다닌 사람, 즉 절반에도 못 미치지만 최소한 그런 인물을 내정하면서 전북 운운하면 어느 누구도 그에 대한 시시비비를 못할 것이다.

각료는 그렇다 해도 청와대 주요인사에서는 아예 배제해버려 인사 '탕평책'과는 거리가 먼 인사가 되어버렸다. 행여 떡고물이라도 떨어질 것을 기대했으나 헛물만 배부르게 먹고 만 꼴이 됐다.

일부 도민들은 박 당선인의 인사스타일로 보면 전북 출신의 입각이나 청와대는 물론이었지만 중앙부처에 대한 인사에서도 주요 보직은 아예 꿈도 못 꾸고 즉 별 볼 일 없는 보직이나 받을지 모르겠다는 푸념들이다.

오는 25일 박근혜 정부가 탄생한다. 우리 전북 도민들은 박 당선인과 관련하여 집권여당인 새누리당의 대선 승리를 위해 단 한 표라도 더 밀어주어야 '우리 전북이 잘살 수 있다.'며 목청을 돋우었는가 하면 사력을 다했다. 그래야 새만금사업도 활발하고 도내의 모든 숙원사업이 제대로 돌아간다고 얼마나 외쳐댔는가.

그러나 오늘날의 현실은 과연 어느 곳에 머물러 있느냐는 것이다. 정당의 존재가치는 집권에 있는 것이기 때문에 당원을 포함한 지지자들은 수단방법을 가리지 않고 득표활동에 최선을 다하는 것은 너무도 당연한 일이다. 이 자체에 대해선 어느 누구도 탓할 수 없는 일이다.

다만 선거법 범위 내에서 가능한 일이지만 이에 앞서는 것은 대통령 공약의 정확한 전달과 함께 책임 있는 발언이 문제인 것이다.

이는 철칙이다. 그럼에도 박근혜 대통령은 과연 공약대로 실행에 옮기고 있느냐는 것이다. 이제 박근혜 정권이 시작된 지 25일 취임사에서 밝히는 내용은 헌법과도 같은 성격을 담고 있기 때문에 그만큼 발언의 중요성이 있는 것이다. 이에 국민을 포함한 전북의 도민들도 귀담아 듣지 않을 수 없다. 이제 박근혜 대통령은 전남을 가리키면서 호남 운운하는 일이 절대로 있어서는 안 될 일이라고 생각한다. 또한 선대의 고향이라고 해서 출생하지도 자라지도 않은 인물을 전북 운운하는 일도 없기를 기대한다. 행정구역 명칭을 바꾸지 않는 한 전북은 전북이다. 설령 강제로 바꾸어도 전북인의 기상은 그대로 일 것이다.

(2013. 7.)

고위 정무, 선거 직 연령제한 절대 필요

의술醫術 발달로 인간의 생명이 늘어만 가고 있다. 생명 연장이 사람 생명체의 모든 기능도 수반하는 것인지는 의학전문가가 아니어서 잘은 모르겠다.

상식의 견해로는 감히 말할 수 없는 일이지만 최소한 청력이나 두뇌 발달은 과연 생명 연장만큼 따를 수 있을지에 대해 의문을 갖지 않을 수 없다.

이런 관점에서 본다면 일정한 연령을 지나면 최소한 국가의 고위공직에 기용돼서는 안 될 것으로 보인다. 선거 직도 마찬가지이다. 연령의 상한선이 있어야 한다.

우리나라의 국가 고위 정무직 기용 실태를 보면 총리나 장관, 공기업장이나 또는 공공의 단체장 등 연령에 상관없이 기용되는 경우가 많다.

이번 김용준 국무총리 지명자의 경우도 80세에 이르는 연령에 상관없이 지명한 것부터가 무리수를 둔 것으로 봐야 한다. 지금 세계는 하루가 다른 격변의 시대 속에서 살아가고 있다.

특히 여성 대통령을 보좌해야 하는 국무총리는 활기찬 젊음과 세계를 누빌 수 있는 여건을 갖춘 인물이 절실한 실정이다.

그러나 박근혜 대통령 당선인은 대통령직 인수위원회 위원장인 김용준 인수위원장을 국무총리로 지명했다.

여야 국회의원들로 구성되는 청문회에서 만약 지명철회를 해야 할 경우가 발생하면 철회를 하는 것이 정상인데 총리 임명을 강행하게 되면 씁쓸한 뒷맛을 남기게 된다. 무난히 통과해야 국무총리로서의 권능을 발휘할 수 있다.

그런데 이번 김 지명자의 경우는 청문회를 하기도 전에 부동산 투기, 아들들의 병역문제 등으로 도덕성에 치명타를 입고 청각문제까지 거론되면서 결국 전격 사퇴하고 말았다.

이에 대해 박근혜 당선인이 사퇴를 만류하기도 했다는 보도가 나오자 야권은 일제히 비난하고 나섰다.

여당은 안타깝다는 반응이지만 야권은 박 당선인의 인사방식과 리더십에 의문을 제기하며 새누리당에 '식물여당'이라는 신조어를 내놓기도 했다.

'인사가 만사'라는데 대한민국의 2인자인 국무총리를 지명하면서 사전에 충분한 검증 없이 지명한 것은 결과적으로 큰 오류로 대통령 자리에 오르기도 전에 지명자의 사퇴를 불러온 사상 초유의 일로 기록될 것이다.

박 당선인은 그만큼 지도력에 타격을 입는 정도가 아니라 앞으로 국정 운영에 문제를 던진 셈이다.

특히 박 당선인의 독특한 인사스타일인 '나 홀로 인선', '수첩인선' 등을 고집하는 것은 문제가 있다는 것이다.

이러한 인사스타일이 앞으로 계속된다면 김용준 지명자 같은 경우가 또 발생하지 않는다는 보장이 없기 때문에 인사방법을 바꾸지 않는다면 앞으로가 문제라는 것이다.

이번 국문총리 지명자는 도덕성 등의 문제도 있었지만 고령으로 인한 측면도 작용되었음을 생각할 때 선거 직에 있어서도 국회의원의 경우 연령 제한을 두어야 한다고 생각한다.

70세를 넘어 80세에 이르는 정치인이 선거 직에 계속 출마할 경우 과연 젊은 사고력에 따라갈 수 있겠느냐는 것이다.

물론 연령에 상관없이 젊은이 못지않은 사고력을 지닌 노인들도 많지만 시대의 변천에 따라 젊은 사고력을 요구하는 사안들이 물밀듯이 밀려오고 있고 강한 체력이 요구되기 때문에 문제는 심각할 수 있다.

비단 국회의원 출마 정치인에게만 적용시킬 일이 아니라 지방단체장이나 의원들도 포함시켜야 한다. 이는 70, 80 고령에도 불구하고 노익장을 과시하는 정도가 아니라 노욕으로 변질될 가능성을 우려하는 점에서 문제제기를 하는 것이다.

단체장의 경우는 잠자는 시간을 제외하곤 밤낮 구분 없이 사무실에서, 현장에서 민원인들과의 대화, 각종 행사장 등에 다녀야 하는 삼중고의 일을 해내야 한다. 의원들의 경우는 조금 다르지만 활발한 의정활동에는 젊은 의원들에 비해 못 미친다는 평가가 옳을 것이다.

이런 점 등을 감안한다면 국가 고위 정무 직 기용이나 국회의원, 지방 단체장, 지방의원 등에 대한 정치적 쇄신방안이 나와야 할 것으로 보인다.

지난 18대 대통령 선거전에서 박근혜, 문재인 두 후보는 지방 기초단체장과 기초의원들에 대한 공천제 폐지를 공약으로 내놓았으나 지금에 와서는 민주통합당의 경우 비현실적이라는 주장을 내세우며 공약을 없었던 것으로 할 예정이다.

국민을 대상으로 한 공약을 폐기하려는 것은 국민을 무시하는 처사가 아닐 수 없다.

'인사'와 국민의 '선거'는 국가의 '흥망'과 국격國格을 좌우한다.

(2013. 8.)

지방자치 본질이나 아는지

지방자치 시대를 맞아 단체장과 광역, 기초의원 후보들이 홍수를 이루고 있다. 후보가 많다는 것은 곧 자치 시대를 상징하는 의미로 일단은 받아들여야 할 것으로 보인다.

어떤 면에서는 자치 시대가 꽃을 피우고 열매를 맺을 가능성을 보인다는 점에서 퍽 다행스러운 일이다. 또한 주민의 의사 반영의 길이 그만큼 열린다는 점에서도 자치 시대의 본질에 접근하는 결과로 받아들여야 할 일이다.

국민이 원하는 참민주주의로 가는 길이라는 것에 대해 환영할 만한 일이다. 세칭 풀뿌리 민주주의는 지방자치 시대를 이르는 표현으로 국민이 원하고 갈망하는 이런 지방자치는 1961년 5·16군사혁명의 구둣발에 짓밟혀 해산되고 말았다.

그로부터 30년 만인 1990년에 야당의 끈질긴 정치적 투쟁 끝에 부활시킨 것이다. 그래서 1991년 30년 만의 질곡을 헤맨 지방자치 시대가 열려 오늘에 이르고 있는 것이다.

광역과 기초단체의 장長은 1995년부터 시작해 반쪽 지방자치 시대가 됐다. 그러나 1995년부터는 완전 자치 시대가 열린 것이다. 이토록 강산이 세 번이나 변한다는 장구한 세월 속에서 그것도 어둠을 안은 채 움을 틔우기 위한 용틀임 끝에 결국 햇빛을 보았다.

지방자치 시대의 꽃을 피우고 햇빛을 보게 된 국민의 소망이 결코 빗나가서는 안 될 일이라고 생각한다. 엄중하고 반듯하며 바르게 가야 하는 지방자치로 지방자치 본질을 벗는 어떤 경우도 용납이 되어서는 안 될 일이다.

그야말로 광역이든 기초든 단체장이나 의원의 후보로 진출할 의사를 가진 사람이면 이유 없이 '순수하게 지역과 주민을 위해 봉사하겠다.'는 각오와 다짐이 없으면 애초 생각을 말아야 한다.

그러나 역사적 질곡 속에서 태어난 지방자치를 실시해본 결과 다 그러한 것은 아니지만 다수는 마치 지방자치 본질은 내팽개치고 자신들의 부귀영화를 누리는 수단인 양 이용하는 사람들이 허다하다.

내년 4월에 실시할 지방자치 선거가 불과 7개월여밖에 안 남았다. 눈앞에 다가온 것이다. 현재 도지사 후보에 오르내리는 사람은 5~6명이나 되며 군산은 시장후보 의사 표명을 한 사람이 16명이나 되는 것으로 추계되며 도의원 후보로 출마의사를 밝힌 사람은 4명 뽑는데 24~5명에 이른다.

또한 시의원의 경우 8개 지역에서 지역구 21명 비례대표 3명을 선출하는데 후보로 거명되는 사람은 80여 명을 넘어 100명에 이르는 것으로 집계되고 있다.

과연 이 사람들이 지방자치의 본질이나 알고 덤벼드는 것인지 아니면 한번 나가보자는 것인지 알 수 없는 일이지만 주민들이 누구를 선택하느냐에 따라 당선 여부가 결정된다.

문제는 주민들이 학연이나 친인척, 친분관계를 떠나 현역이든 신진이든 적임자가 아니라고 판단되는 후보는 철저하게 배척하고 진정 군산의 발전과 시민을 생각하는 후보를 선택해야 한다.

(2013. 10.)

정치권의 요동치는 소리

산고産苦를 겪어야 옥동자를 분만한다고 했다. 그만한 고통이 따라야 어떤 결과를 얻는다는 의미일 것이다. 요즘 우리나라에 정치인물의 옥동자가 탄생하리라는 기대에서인지 여야를 막론하고 정치권 전체가 주시하면서 요동치는 모습이다.

지난해 12월 19일 제18대 대통령선거 유력 예비 후보로 등장했던 안철수 전 서울대 교수에 대한 기대였으리라. 안 전 교수는 기존의 정치가 아닌 새로운 혁신의 정치를 하겠다는 슬로건을 내걸고 혜성처럼 나타나 짧은 기간에 전 국민을 매료시켰다.

안 전 교수의 일거수일투족과 말 한 마디는 매스컴 주연의 자리를 전담하다시피 했다. 그야말로 폭발적인 인기와 국민들에게 기대감을 주었으나 야권 단일 후보를 내기 위해 민주당 문재인 예비 후보와의 치열한 경쟁과 협상을 벌였으나 결국 문재인 후보에게 대승적 차원에서 양보하고 문 후보 지원에 나섰다.

안 전 교수는 선거가 끝나는 날인 12월 19일 투표를 한 뒤 미국으로 출국했다. 미국에 머물면서 특별한 언질이 없었던 안 전 교수는 최근에 측근을 통해 서울의 노원병 보궐선거에 출마하겠다고 간접적인 의사표명을 했다. 드디어 3월 11일 귀국한 안 전 교수는 귀국 기자회견을 갖고 본인이 공식으로 노원병 지역구에 출마하겠다고 선언했다.

출마선언과 관련해 부산 등 다른 지역 보궐선거에 출마해야 하지 않느냐는 등 수없는 비난도 쏟아졌으나 모두를 일축하고 노원병 지역에 이사를 하는가 하면 현충원에 다녀온 뒤부터 즉시 주민 접촉을 하면서 본격적인 선거운동에 나섰다.

안 전 교수는 이번 출마와 관련해 '새로운 정치, 국민이 주인이 되는, 국민을 위한 정치를 위해 어떤 가시밭길도 가겠다. 현실과 부딪치며 텃밭을 일궈가겠다. 노원병 보궐선거 출마는 그 시작'이라며 정치활동 재개를 공식적으로 선언한 것이다.

미국으로 출국한 지 82일 만에 귀국하면서 국민에게 준 정치재개(노원병 보궐선거 출마선언) 메시지는 단순한 국회의원을 하겠다는 뜻이 아니라 다음 제19대 대통령을 겨냥하는 것으로 내다보는 것이 대부분의 국민이 갖는 인식이다.

특히 안 전 교수의 노원병 출마 배경은 '노원구는 수도 서울의 중산층 집단지역으로 모든 분야가 농축되어 있는 표본지역'으로 올바른 심판을 받아보자는 데 기인한 것으로 보여진다.

안 전 교수는 이와 함께 "지역주의를 벗어나 민심의 바로미터인 수도권에서 새로운 정치 씨앗을 뿌리고자 결심했다."고 밝히며 "대한민국 대표지역인 노원구에서 '노후' '주거'교육문제 등 현안을 해결하면서 한 걸음 한 걸음 정치의 길을 걷고자 했다."고 소신을 밝혔다.

이러한 일련의 정치적 행보는 궁극적으로는 대통령에 목표점이 있음에는 명확한 일이다. 이와 관련해 야권에 합류할지, 아니면 독자적으로 신당 창당을 할 것인지가 문제인 것이다.

안 전 교수가 노리는 것은 1차 보궐선거의 당선이 현안이고 이 문제가 해결되면 2차적인 것은 창당 여부로 봐야 한다. 지금은 정해진 것이 없다고 밝히고 있으나 우리나라의 정치현실과는 거리를 둔 '새로운 정치'를 구현하려는 정치철학을 갖고 있는 한 창당은 당연한 것으로 받아들임이 옳을 것이다.

현재 대다수 국민을 포함한 여야정치권, 특히 민주당을 중심한 야권은 초긴장 상태임에 틀림없다. 그래서 안 전 교수의 보궐선거 당선 여부가 작금의 정치 지각변동이 예견되는 것이다. 당선의 영광이 주어진다면 이는 곧 현재 예견되는 정치적 소용돌이가 문제가 아니라 곧바로 창당으로 이어지며 창당 자체가 정치 지각변동을 가져올 것이라는 분석이다.

문제는 이 과정에서 야권의 현역 국회의원을 포함한 지역 위원장, 정치 지망생, 지방의회 의원, 그리고 지방 정치인들은 우왕좌왕, 엄청난 혼란이 예견된다는 것이다.

철저한 정치 공학적 이해관계와 진정 '새로운 정치'를 갈구해왔으나 그를 찾지 못하고 정치 방황 선에서 헤맨 정치 지망생들이 꿈과 기대를 갖고 몰려들 것으로 전망된다. 특히 주목할 대목은 박근혜 정부가 출범하면서 내각 구성 등 인사문제로 난맥상을 이룸에 따라 현 정치에 대한 실망감을 감추지 못하고 있는 터라 더욱 '새로운 정치'에 갈증을 느끼고 있는 실정이다.

기존의 정치권이 국민들의 정치 수준이나 평가에 못 미침으로써 국민의 불신과 신뢰를 잃고 있다. 또한 국민이 지향하는 정치 수준에 대한 비판력은 일부이긴 하지만 '정치는 협상'이라는 본질이 과거에 비해 퇴보하는 한심스러움만 보인다는 것이다.

군산도 마찬가지이지만 전북도의 쏠림 정치현상도 결국엔 파국지세 현상에서 야권은 자칫 두 갈래, 세 갈래로 흩어질 가능성이 높아 지금까지와 같은 정치 형국은 찾기 힘들 것으로 보인다.

안철수 전 서울대 교수가 과연 국민이 기대하는 만큼 옥동자로 탄생하여 우리나라 국민의 여망과, 정치질서를 통해 '새로운 정치'를 실현할 것인지는 두고 볼 일이다.

(2013. 7.)

인산인해人山人海 도심都心은 속 탄다

봄의 향연은 장관이다. 월명공원도 화려한 개나리, 벚꽃이 온통 뒤덮고 있으며, 은파유원지도 휘늘어진 벚꽃들의 자태, 전·군 간의 벚꽃으로 물든 로드 등 '참 아름답다.'는 감탄사를 연발케 한다.

그런가 하면 이동하는 차량들이 물결을 이루어 교통사고의 위험마저 낳고 있다. 필자는 지난 21일 군산의 벚꽃잔치가 어떤 모습일까 하여 은파유원지를 찾았다. 은파유원지의 수변도로는 물론, 어느 곳에 가도 사람에 치일 정도여서 글자 그대로 인산인해였다.

사람에 밀려 도로를 따라가는 모습이었다. 도로변에 주차한 차량과 달리는 차량으로 인파는 곡예하듯 빠져나가는 것도 볼거리가 되어 걸음을 멈추게 했다.

은파 정문 입구(궁전예식장 앞)에서 가까스로 물빛다리 광장에 다다라서야 조금 돌릴 만했다. 그래도 시민의식은 '질서'라는 공중도덕심을 잃지 않았음이 퍽 다행스러웠다. 민주시민의식이 높아졌다는 반증이 아닌가 싶었다.

필자는 산을 좋아하는 친구 권기태(74)와 함께 산책하면서 '물빛다리가 세워진 이래 최고의 인파가 몰렸다.'며 감탄했다. 군산시민만이 아니라 전주, 익산, 김제 등 도내 상춘객은 물론, 대형주차장에 주차한 관광버스로 보아 서울, 부산, 광주, 대전, 대구에서까지 몰려왔으니 전국의 명소임이 분명했다.

특히 입구 휴식공원 한쪽에는 '군산시자원봉사센터'(센터장: 문승우)가 질서유지와 문화시민의식 고취를 위해 부스를 만들어놓고 안내와 함께 파전 등 먹거리를 제공하고 있었다. 4월 13일부터 21일(일)까지 무려 9일 동안을 자원봉사자들이 매일 교대하면서 봉사했다.

문 센터장의 경우는 시청 김덕이 주민생활지원과장과 쓰레기 줍기며 식탁의 빈 그릇까지 치우면서 자원봉사자들을 돕고 있었다. 이를 본 친구는 "센터장이 자원봉사자들과 조금도 다름없이 저렇게 호흡을 함께하는 모습은 많은 사람들에게 귀감이 되는 모범적 처신"이라며 "지역사회 지도자는 바로 저래야 한다."고 찬사를 아끼지 않았다.

또한 문 센터장은 부스 운영 외에도 옆 수변로 야외 무대에서 '은파호수공원 자원봉사어울 한마당잔치'를 열어 매일 낮과 밤에 국악, 가요 등 은파를 찾은 상춘객들의 흥을 돋우었다.

이곳 은파를 찾은 많은 상춘객들은 '만개한 벚꽃터널을 지나는 이 모습은 평생 잊을 수 없을 것 같다.'며 '아름답다.'는 감탄사를 연발했다.

특히 몰려든 인파 속에는 어린 자녀의 손을 잡고 나왔는가 하면 유모차에 어린이를 태워 밀고 나온 젊은 부부들이 상당히 많아 보기에도 참으로 아름다웠다. 그런가 하면 70대 80대 부모를 모시고 나온 아들과 며느리, 딸 등의 모습도 보기에 흐뭇했다.

이날 월명공원을 찾은 시민들도 많았다. 건강을 위해 산책하는 사람도 많지만 공원의 만개한 벚꽃을 보기 위해 찾은 상춘객들로 줄을 이었다.

이와는 정반대의 난장판이 벌어진 종합경기장에서는. 군산시가 주관했어야 할 봄 축제를 안 하면서 노점상들이 대거 몰려들어 불법으로 부스와 텐트를 쳐놓고 봄 축제를 하면서 지극히 비위생적인 음식물을 팔고 있어 무법천지를 방불케 했다.

종합경기장 안과 바깥에 장을 펼쳐놓고 각설이 타령을 하면서 음식을 팔았다. 심지어는 손님이 먹고 남은 국숫물에 다시 국수를 말아 파는 광경을 옆자리에서 본 손님이 국수를 먹다가 자리를 박차고 나왔다고 한다.

군산시는 경기장 정문 옆 양쪽 도로를 완전 점유하여 텐트와 부스를 설치해놓고 장사를 하는데도 아무런 제지를 안 하고 있었다. 만약 도로점용허가를 내주었다면 시 방침인 경기장 봄 축제 취소와는 배치되는 행정이고 허가를 해주지 않았다면 불법을 묵인한 직무유기에 해당할 것이다. 이에 대해 뜻있는 시민은 노점상인들한테 떠밀리는 군산시라는 말이냐며 힐책했다.

원천적 봉쇄를 못한 데 대한 책임의 소재도 가릴 일이지만 그들 상인들은 장사를 마치고 떠나면 그만이지만 그들이 남긴 안 좋은 이미지는 고스란히 군산시가 떠맡는다는 사실을 알아야 한다.

먹고살아야 하니까 묵인할 수 있다 해도 시기와 규모 면에서는 결코 묵인의 대상이 될 수 없는 상황일 것이다.

그렇지 않아도 봄 축제를 모두 취소한 배경에 대해 시민들이 얼마나 알고 있느냐는 의문을 제기한다.

이러한 사실에 대해 시민들 가운데는 이해를 하는 쪽도 많이 있겠지만 시내 중앙동, 영화동 등 중심지라고 할 수 있는 도심 속에서 자영업을 하는 시민들은 이렇게 좋은 봄날 장사가 안 돼 하루하루 속만 타들어간다며 군산시는 무엇을 하는지 모르겠다고 한숨이다.

도심 속 시민들의 타는 속에 청량제는 없을까요. 군산시, 정신 좀 차립시다.

(2013. 8.)

신선감 주는 총리 지명을…

호남 출신이라고 해서 헌 바지 갖다 놓고 새 바지라고 한들 설득력이 없다. 새 시대 새 정치를 열어가려면 이제는 낡은 정치를 일삼았던 구시대 인물은 국민이 원치 않을 것이다. 지금 박근혜 대통령 당선자 인수위원회에서 흘러나오는 보도를 보면 전북 출신 몇몇 인사가 거명되기도 하는데 이들은 모두 낡은 정치인들이다.

따라서 전북에서도 지난 총선과 대선에서의 정치적 행적에 대해 전북 도민들은 이미 식상해 하고 있다. 힐책의 단계를 넘어 안면마저 보기를 원치 않는 도민들이 많다는 사실을 간과할 수 없는 일이다.

물론 지지하는 층도 있겠으나 그보다는 옆을 비켜가려는 층이 더 많다는 것이다. 이러한 현지의 바닥 민심은 전혀 고려하지 않고 중앙에서만 논의가 되어져 만에 하나 총리가 지명된다면 그 후에 오는 여론은 아랑곳하지 않는다는 결과가 되기 때문에 이를 우려하지 않을 수 없다는 것이다.

특히 이들은 전북 도민 대부분의 정서와는 다른 자신들만을 위한 정치적 처신에 대해 대단한 역겨움을 나타내는 반응들이다. 그럼에도 불구하고 이들이 당당히 새 정부 들어서면서 자신들의 정치적 입지가 마치 도민들의 지지와 신뢰의 결과로 착각한다면 천부당만부당한 일이다.

이러한 구태의연하고 구시대적 정치인으로 낙인된 인물들 말고도 신선하고 엘리트로 평가되는 신진 인물들은 얼마든지 있다. 진정 호남이 아닌 전북을 무대로 인물을 찾는다면 국민의 지지와 신뢰를 받을 인물들이 산재해 있다.

굳이 전북에서 찾는다면 학계를 포함한 인재들이 음지에서 사회와 나라를 위해 헌신 봉사하는 신선함 주는 인재가 얼마든지 있다는 것이다. 특히 이들은 다양성을 지닌 총리감으로 충분하다는 여론이다.

역대 전북 출신 국무총리를 보면 제16대 국무총리를 지낸 김상협 총리(1982. 9. 21.~1983. 10. 14.)는 전북 부안군 출신으로 고려대학교 총장 재임 중 국무총리가 됐다.

김 총리에 이어 제17대 국무총리에 전북 고창군 출신인 진의종 씨가 국무총리(1983. 10. 17.~1985. 2. 18.)에 임명됐다.

그 후 제25대 국무총리에는 전북 무주 출신인 황인성 전 장관이 국무총리(1993. 2. 25.~1993. 12. 16.)에 임명됐다.

제30대 국무총리에는 전북 군산시 임피면 출신인 고건 전 장관이 국무총리(1997. 3. 5.~1998. 3. 2.)로 발탁이 됐다. 1년의 재임을 마친 고 총리는 제35대에 이르러 국무총리(2003. 2. 27.~2004. 5. 24.)에 다시 발탁이 됐으나 재임기간은 1년여에 지나지 않았다.

4명의 국무총리는 겨우 1년 전후의 짧은 재임 기간으로 단명한 국무총리들이다. 본적이 전북 고창군 무장면일 뿐 출생지는 전남 담양군으로 이한기 씨가 국무총리 서리(1987. 5. 26.~1987. 7. 13.)를 47일간 역임했다.

전북에 본적이나 연고가 있는 인사는 현재 41대에 이르기까지 단

5명에 불과하며 그것도 1년 전후의 재임 기간이라고 하는 것은 그만큼 정치적 기회가 제대로 안 주어졌다는 반증이 아닌가 싶다.

이런 관점에서 본다면 집권자들이 그때그때 전북의 '홀대'라는 면죄부를 받기 위한 인사가 아니냐는 평가를 면할 길이 없다.

지금까지의 집권자들이 전북 인사를 총리로 등용하는 것은 집권 후 지역 편파적 인사가 아니라는 명분 쌓기에 불과하기 때문에 박근혜 당선자의 총리 지명도 그에 준하리라는 추측도 얼마든지 나올 수 있어 이에 대한 기대감도 지극히 미지수이다. 그러나 국민대통합이라는 박 당선인의 공약을 실행에 옮긴다는 약속이라는 데서 한편으로는 기대해봄 직도 하지만 일단은 지켜볼 일이다.

또한 지역 간의 편차적 인사가 아니라는 점도 분명하게 드러내 보일 것이라는 분석이다. 이러한 여건 속에서 국무총리 인선은 그리 쉽지 않음에는 틀림없는 일이다. 거기에 전북 인사론이 심심찮게 거명이 되고 있어 전북 도민들은 관심을 갖지 않을 수 없는 일이다.

인수위에서 흘러나오는 전북 인사가 검토 대상이 된다면 정치적 소신과 고도의 도덕성, 윤리성, 참신성, 정직과 신뢰를 주며 젊고 패기 찬 신선함을 겸비한 인물을 찾아 등용의 기회를 주는 것이 진정 전북의 '홀대'가 아니라는 호평을 받을 것으로 기대해 본다.

과거 공화당 정권에서 일부 고위공직자는 본적지가 전북이라는 데서 인사상 피해를 입는 경우가 발생하자 이를 방지하기 위해 본적지를 서울로 옮기는 등 어처구니없는 일이 수없이 발생했다. 이것이야말로 지역의 편 가르기에 좋은 본보기이다. 이 땅에 이런 일이 다시는 발생하지 않도록 박 당선인은 영구적 해법을 실증적으로 보여주어야 한다. 그것이 이번의 국무총리 지명에서부터 실행에 옮겨져야 하리라고 본다. 그렇게 하는 것이 전북 도민들에게 특히 젊은이들에게 희망을 보여주는 결과가 아닌가 싶다.

(2013. 6.)

난마 같은 세상 돌아가는 질문

나는 요즘 '세상이 어떻게 돌아가느냐'는 질문을 비교적 자주 받는다.

무엇이 어떻게 돌아간다는 말이냐며 재미없다는 표정으로 "몰라." 하고 고개를 돌린다. 아무리 주간지이지만 신문사 사장도 하고 시사 칼럼도 쓰는 사람이니까 무언가 자기의 기대치는 아니라도 한 마디쯤은 들을 수 있겠다는 생각 끝에 물어보는 그 심정을 모르는 것은 결코 아니다.

무슨 뜻으로 나에게 묻는 것인가는 더더욱 잘 알 일이지만 요즘 세상이 하도 현란스럽게 돌아가는 것이 많아 한마디로 '답'을 할 수 없는 내 마음이 착잡하다. 그렇다고 아무 말도 안 할 수는 없는 일이다.

이 친구가 듣고자 하는 첫 번째는 '정치가 제대로 돌아가느냐'는 것이다. 제대로 돌아간다면 나는 아마도 '온 산하가 오색물결로 넘실대는 풍광을 이룰 것'이라고 말할 것이다.

그러나 현실은 어떤 모습인가. 우선 우리 국민은 봄다운 '봄'이 오기를 얼마나 기다렸는가를 생각하면 마음이 '갈기 수'를 놓는 모습으로만 보여 국민의 한 사람으로 부끄러움을 감출 수가 없다.

우선 대통령부터 대국민과의 약속을 과연 잘 지키고 있느냐는 것이다. 제18대 정부 출범을 위한 각료 구성과 관련하여 추천된 인물들 중 7명이 청문회 과정에서 갖가지 비리와 부도덕함이 지적돼 낙마하는 사태로 역사 이래 최초로 새로 구성된 각료가 동시 출범하지 못한 사례를 남겼다.

그뿐인가. 명색이 여당인 새누리당은 청와대 눈치 보느라 집권여당의 존재가 어디에 숨었는가를 찾기가 어려울 정도로 국민들을 실망시키고 있었다. 무조건 야당 대표주자인 민주통합당만 원망하거나 비난을 일삼느라 협상대상인 방통위원회 관련법개정안의 본색을 잃을 정도였다.

새 정부 출범 한 달여 만에야 장차관 인선을 마무리했다. 준비가 얼마나 엉성했는가 하면 인선에서도 '수첩인사'라는 비난을 면치 못하면서 겨우 마무리한 것이라는 평가를 남겼다.

또한 48%에 해당하는 국민들은 전직 이명박 대통령의 내곡동 사저 신축문제와 관련하여 국정조사 등을 떠나 법치주의 정신에 따라 보다 철저한 수사를 즉각 실시하여 온 국민 앞에 잘잘못을 밝혀야 하는데도 왜 지금껏 아무런 소식이 없느냐며 궁금증을 가슴에 안고 있다.

만약 민초들이 건축법 위반이나 부정한 방법으로 적당한 곳에 움막이라도 지었다면 과연 당국이 그대로 넘기겠느냐는 것이다. 하루아침에 움막의 흔적도 남기지 않을 것이다. 이것이 법치주의요, 민주주의라면 국민이 서야 할 자리는 어디냐는 것이다.

국민은 이러한 사회를 결코 원치 않을 것이며 상상도 할 수 없는 사항일 것이다. 법치주의가 살아 숨 쉬고 민주주의를 흉내라도 내는 사회를 원할 것이다.

오늘 이 시간에도 도산 직전의 움막 같은 집에서 홀로 보내는 독거노인이 있을 것이고, 한 가정이 가장의 병세 악화로 아내의 밤낮 수입으로는 사글세를 낼 수가 없어 여관방에서 보내는 비참한 생계를 유지하는 가정도 있다.

그런가 하면 학교급식이 하루 끼니의 전부인 어린 초등학교 학생이 있다. 이들을 헤아려보았는가 말이다. 물론 한 나라의 국민이 모두 똑같이 배부르고 잘 먹고살 수는 없다. 그러나 우리 사회의 한 구석에 몰린 국민이 소외받지 않도록 하자는 취지이다.

국민소득 2만 불 시대를 열어 남의 나라를 도와주는 국가에 허기진 배를 움켜쥐는 어린이가 있다면 어느 누구도 쉽게 납득을 안 할 것이라는 말이다.

위대한 자연의 새봄은 여지없이 찾아와 오색으로 물들인 온 산하를 인간에게 선물하고 있는 데 반해 우리 인간은 오히려 자연의 섭리를 역류하며 지배자가 되기 위한 온갖 작용을 다하고 있는 게 현실이다.

난마(亂麻)보다 더한 오늘의 현실에 대한 친구의 질문에 나로서는 마땅히 해줄 답이 없다. 만약 답이 있다면 '자신의 자화상을 보이는 것'일 것이다.

지금 우리 국민들은 배가 고파도 '배가 고파요.'하는 말을 하지 않고 살인을 하고도 자수하려는 사람이 없는 게 현실이다.

태평양에 띄워진 전마선에 불과한 사회의 단면을 놓고 이러쿵 저러쿵 하는 자체가 우스운 일이지만 이는 곧 현실의 한 단면이기도 하기에 숨길 수 없는 일이라는 생각에서 친구의 질문에 답하고자 한 것이다. 물은 스스로가 만든 법칙에 따라 산골짜기의 발원지에서부터 바다로 흐를 때 큰 바위를 만나면 옆으로 돌아가고 벽을 만나면 탓하지 않고 되돌아 낮은 곳으로 흐르며 크고 작은 어떤 장애물도 피해간다. 이것이 자연의 섭리이다. 이렇듯 나랏일도 마찬가지이다. 청와대에서부터 내려오는 물줄기는 자연 마을의 통·반장에 이르기까지 흐르고 또 흘러 '나라'라는 국가의 바다를 이룰 것이다. 이를 지키지 않고 자연의 섭리를 거스르는 현실은 어디에 귀착할 것이냐는 것이다. 그래서 정답은 있으되 커닝으로는 역사를 거스를 수가 없어 답이 펼침 막에 가려지고 있다는 것이다. 위에서 아래로 흐르는 자연의 봄이 오기를 7천만 민족은 기대하고 있다.

(2013. 7.)

새해에는 혼탁사회混濁社會에서 벗어나자

2012년 한 해는 권력자들은 비리로 얼룩지고 서민대중은 '못살겠다.'고 신음하는 소리로 산천이 혼란스러웠다. 그러나 2013년은 진정 희망이 넘실거리는 한 해가 되어 공평하게 잘사는 나라의 기틀이 마련됐으면 한다. '흑룡의 해'에 헌정사상 첫 여성 대통령이 국민직선제로 탄생하는 신기원을 세웠다.

그러나 절반에 이르는 국민은 반대했다. 그렇지만 모든 게임에서 1명만 많아도 승리를 거머쥐는 민주주의 제도이다. 이는 현실로 받아들여야 한다.

이에 반해 지난 한 해 동안은 일부 비리를 저지른 권력자들에 대해 서민이면 누구나 분개하는 한 해로 규정지어진다. 이러한 국민적 수모스러움도 씹어 삼키며 고통의 한 해를 보낸 것이다.

이러한 사회적 질곡 속에서 대통령 사저와 관련한 사건, 법원과 검찰의 모습, 재벌총수들의 비리 등 일일이 나열할 수가 없을 정도이니 사회적 윤리 도덕의 절벽에 처한 몰골들은 참다운 대한민국 국민이면 눈물의 절망감을 떨쳐버릴 수가 없는 일이다.

이명박 정권의 5년을 눈여겨 되돌아보는 국민들은 한숨이 절로 나오는 마음을 감추려 하지 않는다. 이 같은 비극적 사실들은 결코 사라지지 않고 다만 역사적 뒤안길에서 머무르며 역사의 평가를 기다리고 있을 뿐이다.

우리는 추한 역사가 되풀이되지 않기를 기대하면서 새해를 맞았다.

이제 허둥대면서 무질서와 함께 혼탁한 임진任辰년을 보내고 희망의 계사癸巳년을 맞이했다. 온 국민은 새해에는 모든 소망이 꼭 이루어지기를 폐부에서 우러나오는 마음으로 기도하며 합장할 것이다.

특히 자신들이 지지한 후보가 쓴맛을 보았다 해도 당선자인 박근혜 후보의 당선에 대해서는 축하를 보내는 아량이 있어야 한다. 그래야 5년 후의 정권 창출이 가능하며 국민들로부터 신뢰를 받을 수 있다.

2013년 새해에는 서민들에게 눈물 흘리는 고통을 주어서는 안 된다. 이에 대한 책임은 절대적으로 국가가 져야 한다. 그런데 대통령 선거가 끝나자마자 수도료, 전기료, 고속도로 통행요금 등 줄줄이 올리고 있다.

우선 생활에 절대적으로 필요한 물가를 인상 러시를 이루는 것은 박근혜 당선자의 책임이 뒤따르지 않을 수 없다.

'국민과의 약속은 꼭 지키겠다.' '잘 살아보자.' 그리고 '모든 국민이 골고루 잘사는 나라를 만들겠다.'등 국민과 수없는 약속을 했다.

이런 국민과의 약속이 어느 한 가지라도 헌신짝처럼 버려진다면 이는 대국민에 대한 사기극이 된다. 온갖 수단과 방법을 동원해서라도 당선만 되면 된다는 얄팍한 꼼수에 국민은 속지 않는다.

물론 5년에 걸쳐 공약을 실천하겠지만 금년에 해야 할 공약들에 대한 것은 한 치의 차질이 없도록 해야만이 국민에게 희망을 주는 것이다.

국민들은 새로운 대통령, 그것도 여성 대통령의 '약속'이 지켜질 때에 희망을 잃지 않고 자신들에게 주어진 책무를 다하리라고 본다.

'약속을 생명처럼 지키겠다.'는 박근혜 당선자의 대국민에 대한 말 한마디가 서민들을 '희망과 절망'의 기로에 서게 한다는 사실을 깊이 인식해야 한다. 그러하지 않을 때에는 엄청난 사태가 발생하지 않는다는 보장이 없다. 지금 국민들은 박 당선자가 2월 25일 정식으로 제 18대 대통령 취임식이 끝남과 동시 5년의 임기가 시작되는 만큼, 사실상 이때부터 국민들의 기대감은 시작된다.

국민 누구나 박 당선자의 일거수일투족에 두 눈을 부릅뜨고 응시한다. 그렇기 때문에 대통령이라는 자리가 국가원수로서의 책무가 크다는 것이다. 대한민국을 대표하는 오직 한 사람뿐인 대통령은 나라의 아버지 노릇을 제대로 해야 한다는 것이다.

그래서 새로운 대통령의 임기가 2월에 시작되기 때문에 자신들에게 해당이 되는 공약에 더욱 희망을 갖게 될 것이다. 물론 공약이 금년에 해당되는 것이 없다 해도 대통령의 신뢰가 주어지는 것은 두 말할 나위가 없다.

임진년 흑룡 해를 『교수신문』(전국 대하 교수 626명이 선정한 것임)은 사자성어에 나오는 거세개탁擧世皆濁으로 선정하고 '지위의 높고 낮음을 막론하고 모든 사람이 바르게 살지 않아 세상이 모두 탁하다.'로 규정했다. 이는 결론적으로 사회가 그만큼 혼탁한 생활 속에서 살아왔음을 정리한 것이다.

계사년 '뱀'의 해를 맞은 국민들은 결코 2012년 같은 혼탁 속의 생활을 원하지 않을 것이며 보다 깨끗하고 맑은 물만 흘러 사회 구석구석에 희망이 넘치는 사회가 되기를 원할 것이다.

'윗물이 맑아야 아랫물이 맑다.'는 속담처럼 대통령부터 사회의 말단에서 살아가는 국민에 이르기까지 정직하고 정의로운 사회를 만들어 가야 할 것이다. 이러할 때만이 혼탁사회를 걷어내고 청정淸淨사회가 건설될 것이다. 이것이 2013년 새해의 희망이다.

(2013. 6.)

민주당은 난파선難破船을 생각하라

'정권 교체'라는 거대한 항해를 시작한 민주당호는 폭풍을 만나 난파지경에 이르렀다. 부실한 항해 준비가 빚어낸 결과이다. 이에 대한 절대적 책임은 선장과 항해사에 있지만 배를 떠나보내는 준비위원(선대위 본부)들도 책임을 면할 길이 없다.

지난해 제18대 대통령선거에서 국민의 48%라는 엄청난 지지를 받고도 고비를 못 넘기고 결국 지지 국민들에게 씻기지 않는 눈물을 흘리게 만들었다. '천추의 한'을 남겼다. 이쯤에서는 누구누구의 잘못을 가릴 것이 없으며 재정비를 통해 추스르는 일만이 과제일 것이다.

민주호가 산산조각을 면한 것이 다행이며 그나마 예지를 모아 비상대책위원회를 구성하는 것까지는 잘한 일이다. 이제부터는 난파선을 꿰매는 것이 아니라 새로운 민주 호를 건조한다는 심정으로 종래에 갖고 있었던 모든 걸 내려놓아야 한다.

백지상태에서 출발하지 않으면 안 된다. 만약 내 앞에 큰 감 먼저 놓고 옆으로 돌리려 한다면 이는 원천적으로 새로운 민주 호를 건조할 수가 없다. 지금 국민은 민주당에 대한 애정을 모두 잃었다.

최근 전북의 학계, 시민단체, 언론계 인사들이 18대 대선 평가 토론회를 가졌다. 이 자리에서 토론회에 참석한 인사들은 하나같이 '민주통합당은 기득권을 내려놓고 진정성 있게 계파와 패권주의를 청산해야 한다.'며 '국민이 납득이 갈 만한 쇄신을 하지 않으면 결코 성공할 수가 없다.'고 강조했다.

이들은 특히 민주통합당에 대해 '통렬한 반성과 국민 눈높이에 맞는 강도 높은 청산과 함께 백지에서 새롭게 출발하지 않으면 미래가 없다.'고 단호한 주문을 했다. 이것만이 아니다. 중도층 끌어안기 실패, 성공적 후보 단일화 실패, 계파, 패권주의, 선거 프레임 미흡, 어젠다 실패 등을 지적했다. 이외에도 참석자들은 '아무리 새로운 민주통합당이 잘 만들어져도 당내에 불협화음이 일어나고 중도개혁정당으로서의 정체성을 확고히 하지 못한다면 국민들로부터 외면당하고 말 것'이라고 쏘아붙였다.

참석한 대학 교수는 잘 알려지지 않았지만 당과 국가를 이끌어갈 새로운 인물을 찾아야 한다며 오래된 정치인들은 물러나야 한다고 강조했다. 이날 토론회에 참석한 이춘석 도당 위원장은 철저한 반성을 통해서만이 당이 새롭게 태어날 수 있다면서 이제는 전북이 변방이 아닌 중심에서 제 목소리를 낼 수 있도록 하겠다고 했다.

그런가 하면 문희상 비상대책위원장은 주요 도시를 돌아다니며 "회초리를 맞겠다."고 엎드려 큰절을 했다. 문 위원장은 광주는 들렀지만 전북은 비켜가고 말았다. 서울에서 광주 가는 길에 전북 어느 곳이든 잠깐이라도 스쳐가면서 큰절 한 번 하고 '회초리를 들어 주십시오.'하고 지나갔으면 덜 서운할 일이다.

이제는 형식에 그치는 그 어느 것도 국민은 잘 알고 있다. 지금까지의 민주통합당 정치적 행태에 대해 앞에서 토론회에 참석한 인사들이 뼈 아픈 패인들을 지적했다. 이를 두고 국민들은 진정 '민주통합당은 아직 정신을 못 차리고 있다.'고 힐책하며 '당을 살리고 국민의 뜻에 따르는 것은 물론, 정치적 혁명을 이루어내지 않으면 안된다.'고 꼬집었다.

특히 국민들은 대선 전에 문재인 후보와 박근혜 후보가 정치 쇄신책의 하나로 지방자치제에서 기초 단체장과 기초의원들에 대해서는 공천(내천)제를 완전 폐지하고 자유스럽게 출마할 수 있도록 하겠다는 공약부터 실천에 옮겨 내년 지방선거에서 시행토록 해야 한다.

이러한 국민과의 약속부터 지키는 민주당이 되어야 한다. 물론 우선순위에 따라 한 가지씩 실행에 옮겨야 할 것이다. 민주당으로서는 당장 비상대책위원회를 벗어나 정상적인 지도부 구성이 선결문제임에 틀림없다. 앞에서 지적한 바와 같이 모두는 기득권을 내려놓고 백지라는 심정에서 출발해야 한다.

뿐만 아니라 나는 몇 선인데 하는 권위를 깡그리 없애고 물론 원로도 필요하지만 오랜 정치역정에서 진정 '내가 필요한가'를 신중히 검토해서 후배들을 위한 용단이 필요할 때라고 본다.

정당의 존재가치는 집권에 있을 것이다. 그러하지 않으면 존재이유가 없다. 5년 후의 정권교체를 위한 민주통합당이 되기 위해서는 이번 비상대책위원회의 정치쇄신과 진정성이 담겨진 국민과의 약속 등을 지켜내지 않으면 제1야당으로서의 아무런 의미가 없으며 존재가치도 없다.

지금 국민은 비대위의 활동과 지도부 구성에 지대한 관심을 갖는 것은 정권 교체의 '틀'이 만들어지기를 기대하는 마음에서다. 아마도 이번이 마지막이 아닌가 싶다. 여기서 기대치에 못 미친다면 지금까지 지켜온 민주당에 대한 애정은 공중에 뜨고 말 것이다.

여기에는 국회의원과 원외 지역의 위원장들이 주최자가 되는 만큼 자신들의 정치 행위가 얼마나 중요한가를 몇 번이고 되새기며 실행에 옮기되 한 번 잘못 판단하면 정치인 간판이 날아갈 수도 있다는 사실을 깊이 인식해야 한다.

(2013. 6.)

기초 정당공천 폐지 공약 지켜라

새누리당과 민주당은 제 18대 대통령선거 공약으로 '기초 단체장과 의원에 대해 정당공천제를 폐지하겠다.'고 했다. 당시 박근혜 새누리당 후보와 문재인 민주당 후보는 '기초선거의 단체장과 의원에 대해서 그동안 시행해본 결과 여러 가지 문제점이 많아 2014년 지방선거 때부터 정당 공천제를 폐지하겠다.'고 국민들에게 공약한 것이다.

당시 두 정당의 후보는 폐지에 찬성하는 유권자들로부터 상당한 호응을 얻었다. 따라서 지방정치권에 있는 정당인들로부터도 박수갈채를 받았다. 이는 여, 야를 떠나 지방자치의 독립성과 국회의원들로부터의 종속적인 행태를 벗어난다는 해방감에서 더욱 폐지를 선호했던 것이 틀림없다.

또한 여, 야 정당은 지방자치제도 실시의 근본 취지로 볼 때도 결코 중앙당과 지역 국회의원들이 손안에 집어넣으려는 폐단은 없어져야 할 문제라고 본다.

이러한 문제에 앞서 대통령 선거에서 분명 폐지를 공약까지 해놓고 이제 와서 이러쿵저러쿵하는 작태에 대해 국민들은 용납하지 않을 것이다.

뿐만 아니라 박근혜 후보는 대통령에 당선이 되어 현직 대통령이고 민주당은 당원들의 찬반의사를 물어 과반수 이상의 폐지 찬성을 얻어 당론으로 확정까지 해 놓은 상태다.

그래놓고서 이제 와서 특히 새누리당이 더 뭉그적거리는 것은 국민을 핫바지로 아는 것이며 적당히 넘기려는 것으로 볼 수밖에 없는 일이다.

윗물이 맑아야 아랫물도 맑은 것인데 여, 야 정당과 당시 후보들은 앞으로 국민의 신뢰를 어떻게 얻을 것인지가 문제이다.

이번에 기초단체장과 의원들의 공천제 폐지가 만약 물 건너간다면 국민들 마음을 서글프게 만들기 이전에 어떤 선거에서의 공약도 함께 물 건너간다는 사실을 뼈아프게 생각해야 한다.

우선 국회의원들이 지역에 나타나면 정당공천으로 당선된 시장, 군수, 시의원, 군의원들이 줄서서 반겨주고 무엇이고 하라는 대로 하는 쾌감(?)을 느끼는 모습은 진정 종속주의로 흐르기 때문에 공천제를 반대하는 것이다.

이외에도 시장 군수의 경우 지역발전과 관련한 사업을 하려면 독자성 있는 사업은 반드시 지역 국회의원과 사전에 허락(?)을 받아야 진행할 수가 있는 게 현실이다.

다만 국고 지원이 필요한 사업은 지역 국회의원의 협력을 얻는 것은 별문제이다. 그런데 마치 국회의원의 허락이 없으면 안 되는 양 착각하는 국회의원이 있는 것이 문제인 것이다.

그렇기 때문에 기초단체장들은 기본 자세를 버리고 불미스러운 일(?)까지 저지르면서 공천을 받아온 것이 사실이다.

새누리당과 민주당은 이미 당론으로 확정해 놓은 대로 기초선거에서 정당공천제 폐지에 대해 협의만 거쳐 이번 정기국회에서 통과를 보면 되는 것이다. 국민과의 약속은 두 당의 생명과 같다.

지금 지방정치권은 공천제 실시 여부에 초미의 관심을 갖고 있어 혼돈상태에 빠져 있다. 공천제를 희망하는 사람은 폐지를 반대하겠지만 지방자치권 독립을 내다봐야 하는 것이다. 만약 물 건너간다면 이는 여, 야 간에 뻔뻔스런 얼굴을 내미는 것이며 '공약'은 국민으로부터 영원히 소멸되고 말 것이다.

(2013. 6.)

문화와 생명이 공존하는 요람 전북

문화와 생명은 인류와 함께 공존하지 않으면 안 되게 되어 있다. 사람은 문명만을 요구하는 것이 아니라 인류의 진화 과정에서 문화를 절실하게 중요시 해오고 있다.

문화가 없으면 문명 자체가 인류의 보편적 가치 부여를 못 받는 것과 마찬가지이기 때문이다. 그래서 문명과 문화와 인간이 공존, 공생하는 원리 속에서 인류사회는 발전해 나가는 것이다.

그처럼 사람이 살아 숨 쉬고 활동한다는 것은 문명, 문화, 사람 이 세 가지 공동체를 떠나서는 불가능하며 현대사회에서 요구하는 인류의 가치구현은 어려운 일이 아닐 수 없다.

최근 '군산뉴스'를 찾은 정읍 출신 유성엽 국회의원은 '인류문명이나 문화의 가치는 사람들의 의식에 관한 문제'라고 전제, "앞으로 우리 전라북도의 정체성을 확실히 하기 위해 '문화와 생명의 요람터'를 만들겠다."고 다짐했다.

군산에 대한 자신의 견해를 밝힌 유 의원은 "도내에서 가장 역동성 있는 군산은 환태평양 연안의 산업과 물류의 메카로 성장 발전시켜나가야 한다."고 역설했으며 또한 이는 곧 "전북의 발전에 밑거름이 될 것을 확신한다."고 덧붙여 강조했다.

특히 유 의원은 “무조건 열심히 일만 하는 것이 아니라 특성을 살려 균형 있는 발전을 이루도록 문제의식을 가져야 한다.”고 힘주어 말했다. 내년 도지사 선거에도 지대한 관심을 표명한 유 의원은 국가 주도의 새만금 사업과 관련하여 “속도가 중요한 문제로 국가 차원의 과감한 투자를 통해 조속한 개발 사업을 이루어야 군산과 전북이 더욱 발전할 수 있다.”고 정부에 대한 적극적인 투자를 촉구했다.

“현재 도민들은 새만금을 포함한 전북 발전에 기여하고 만족할 만한 성장을 이루지 못하여 지원책의 아쉬움에 대한 많은 기대를 했다. 그러나 아직 내부개발 등 해야 할 일들이 수두룩하여 이에 대한 철저하고 강한 주문을 중앙정부에 건의할 작정”이라고 강한 의지를 보였다.

전주고등학교와 서울대학교 외교학과를 졸업, 행정고시 27기로 합격한 유 의원은 내무부(현 행정안전부)와 전라북도 기획관, 문화관광국장, 공무원 교육원장, 환경보건국장, 경제통상국장, 정읍시장(민선 3선), 18, 19대 국회의원으로 농림수산, 미래전략, 과학기술, 예산결산, 윤리특위, 연금제도 개선위원으로 다양성 있는 의정활동을 열정적으로 펼쳐왔다는 평가를 받고 있다.

현재도 우리나라 미래를 열어갈 창조과학통신위원과 국회 예산특별위원회 위원으로 맹활약을 펼치고 있다. 유 의원은 『전북 사랑』 등 책을 3권이나 출판했는가 하면 국감 베스트의원 선정, 과학기술현인상, 거짓말 안 하는 정치인상, 매니 페스트 약속 대상 수상 등으로 인해 가장 바르고 정직하며 약속을 잘 지키는 국회의원으로 정평이 나 있다는 것.

모처럼 만에 ‘중앙정치, 중앙정부, 지방정부를 무대로 지역발전에 헌신할 인물'이라는 평가 속에서 전북 도민들의 비상한 관심을 모으고 있다.

유 의원의 경륜과 군산발전에 따른 관심 표명은 다행스러운 일로서 특히 '국책사업인 새만금사업이 전북 도민과 군산시민의 열망에 부응하는 의지가 절대적'이라고 강조한다. 정직한 정치인으로 알려진 유성엽 의원은 도민의 여망이 실현될 수 있도록 하는 것만이 군산시민과 도민에게 희망을 안겨줄 수 있을 것이다.

(2013. 11.)

보편적 논리로 따지는 객관적 사회현상

호병탁(문학평론가)

1

김철규가 이번에 상재하는 산문집 『바람 속의 역사』의 머리글을 보고 이 책이 벌써 작가의 여덟 번째 저서가 되고 있음을 인지하게 되었다. 작가가 참으로 부지런하게도 살고 있다는 것을 새삼 느꼈다. 작가는 신문기자 출신이다. 하는 일이 취재하고 글을 쓰는 일일 터였다. 그럼에도 책 여덟 권을 상재한다는 것은 결코 만만치 않은 일임에 틀림없다. 우선 작가의 노고에 박수를 보낸다.

지난번에 한 번 뒤에 글을 붙인 일이 있어 사양했지만 작가는 이번에도 필자가 꼭 써야하겠다고 으름장을 놓는다. 정독이 시작되었다. 나름대로 글을 쓰는 당위를 찾기 위해서라도 행간까지 더듬는 독서는 필수사항이다.

작가는 머리말에서 스스로 이번 발간되는 산문집에는 세상살이에 대해 '옳고 그름의 비판적 내용'이 담겨 있어 자신에 대한 비판이 있을 수 있음을 인지하고 있다. 산문은 글자의 수나 운율 따위에 제한 없이 자유롭게 쓰는 보통 문장의 줄글로 운문의 대척점에 위치한다. 그는 기자 출신으로 지금도 지역신문사의 대표로 활동하고 있는 사람이다. 따라서 그가 산문을 쓰는 것은 당연하다. 특히 그가 쓰는 산문은 결론적으로 객관적 사회현상을 보편적 논리로 관찰하고 비판을 가하는 칼럼에 해당된다. 따라서 그가 머리말에서 그의 글에 담긴 사회적 비판에 대해 또 다른 비판이 야기될 수 있다고 보는 것은 '우려'가 아니라 얼마든지 가능성 있는 사회적 현상이다.

작가는 또한 머리말에서 자신이 당당하게 수필가라고 말하기에는 쑥스런 감이 없지 않다고 겸양의 자세를 보이고 있다. 그저 '보고 느낀 환경과 사물에 대해 소견을 적어보았을 뿐'이라고 말한다. 그래서 잡다한 글이 들어 있는 이번 글을 '산문집'으로 발간하게 된 것이라고 말한다. 그러나 수필은 이미 잡다한 글이다. 수필은 수필이면 그것으로 만족한다. 그 이상도 그 이하도 아니다. 김철규의 글은 본인도 말하는 것처럼 이미 산문이다. 산문이야말로 수필의 가장 중요한 특성 중의 하나가 아닌가.

그러나 산문 중의 하나에는 소설도 있다. 소설은 수필과 다르다. 수필에 형식이 규정되어 있는가. 수필에 고유한 언어가 존재하는가. 그렇지 않다. 그렇다면 수필을 제대로 정의하기 위해서는 언어의 운용방식을 살펴보는 것이 안전한 방법이 될 것이다. 이는 기호론적 실천 양상으로 설명하는 방식이다. 인간이 기호를 가지고 의미소통을 하는 이상 어떤 장소든 어떤 행동이든 어떤 결과든 기호론적 설명의 대상이 된다. 언어는 기호의 하나기 때문에 어떤 언어적 행위도 기호론적 실천의 양상을 띠지 않을 수 없다. 따라서 수필의 정의 또한 기호론적 설명으로 접근하는 것이 타당할 것이다.

누가 어떤 대상에게 어떤 내용을 이야기하는가. 그 대상은 어떻게 이야기를 알아듣고 이해하는가. 이런 질문에서 기호론은 시작된다.

김철규라는 작가가 독자에게 자신이 직접 얘기한다는 점은 다른 화자를 시켜 말하는 소설과 다르다. 무엇을 얘기하는가. 자신의 경험을 얘기한다는 것은 남의 이야기를 하는 소설과는 다르다. 이야기를 하는 특별한 방법은 없다. 그러나 시처럼 리듬이나 행과 연을 나눈다거나 새로운 비유를 창조하여 글을 써야 한다는 제약은 없다. 김철규는 자신의 견해로 정치·경제·사회 등 수많은 세상살이 이야기를 한다. 사람 살아가는 이야기를 한다는 것은 실용문이나 논설문과는 다르다. 수필은 외연적인 과학적 언어나 내포적인 문학적 언어보다는 일상적 언어와 가장 가까운 거리를 갖고 있다. 그럼에도 수필은 문학이다. 수필이 문학이 되게 하는 요소는 작품의 '형상화'에 있다고 할 수 있다. 그렇다면 수필은 자신의 경험을 자신의 언어로 이야기하고 형상화한다는 점이 문학으로서의 언어적 특성이라 할 수 있다. 김철규는 『바람 속의 역사』에서 그가 세상에서 보고 듣고 느낀 자신의 경험을 직접 독자에게 자신의 언어로 이야기하고 있다. 그렇다면 형상화의 기법은 차치하고라도 그는 수필, 즉 문학작품을 쓴 것이고 이 글은 문학작품에 대한 평이 될 수 있는 것이다.

2

작품집의 서두에는 희망의 새해 아침을 다짐하는 두 편의 글, 「이글거리는 태양처럼」과 「민족의 대이동…즐거운 '설' 맞자」가 실려 있다. 그는 우선 2013년 계사년을 돌아보고 있다. 그리고 대학교수신문이 계사년을 가리켜 도행역시倒行逆施라는 사자성어를 내놓은 것처럼 그도 이 말로 한 해를 정리한다. '도'는 '거꾸로'라는 말이고 '역'은 '거스른다.'는 말이니 한마디로 '순리를 거슬러 행동한다.'는 의미가 된다. 이 말대로라면 계사년은 순리에 역행한 한 해가 된다. 작가는 이를 다음과 같이 설명하고 있다.

> 들녘의 잡초처럼 살아가는 민초들이 있는가 하면 부귀영화를 누리는 온실 속의 꽃처럼 살아가는 사람들이 있어 더 벌어진 빈부의 격차를 실감하고 있다. 이러한 사회현상에 대해 상당수 국민들이 '안녕하지 못하다.'고 꼬집어 말하는 현상을 우리는 보고 있다.
>
> –「이글거리는 태양처럼」에서

상당수 국민이 안녕하지 못하다고 느낀다면 확실히 거꾸로 거스른 해였음이 틀림없다. 작가는 '지구촌 70억 인구 중 한반도의 7,000만 우리 민족과 170만 전북 도민, 27만 군산시 인구' 모두가 '천부의 자유와 인권'을 누리는 꿈을 꾸며 해맞이를 한다고 강조한다. 이런 그의 강조의 말에서 우리는 두 가지 사실을 바로 인식하게 된다. 이는 그의 전체 글쓰기 스타일을 예시하는 점이기도 하다. 첫째 그는 기자 출신답게 각종 통계, 데이터 및 관계 자료를 능숙하게 견인하여 글쓰기를 한다는 점이다. 이는 이미 위에서 세계, 한국, 전북도 그리고 군산시의 인구를 하나하나 글에 인용하고 있는 것만 보아도 그러하다. 둘째는 그의 고향에 대한 애착이다. 그의 글에서 정치든 경제든 사회든 제반 문제가 언급될 때 그가 태어나고 거주하는 군산이 빠지는 경우가 거의 없다.

그는 동녘에 이글거리며 떠오르는 태양처럼 갑오년의 청마靑馬가 힘차게 광야를 달리기를 희망한다. 마침 갑오년에는 지방선거가 있는 해이다. 도지사, 교육감, 도의원, 시장, 시의원을 뽑는 해인 것이다. 작가는 새로 선출되는 이들이 '좋은 정책'을 수립해서 진정 주민들을 위한 '좋은 정치'를 해주기를 원하는 동시에 '후회 없는 선거'가 되도록 신년아침에 소망하고 있다.

'설'은 음력으로 한 해를 시작하는 최초의 명절이라는 의미를 담고 있다. '설날'은 원일元日, 원단元旦, 원정元正, 원신元辰 원조元朝, 정조正朝, 세수歲首, 세초歲初, 연두年頭, 연수年首, 연시年始 등 다양하게 부른다.

설을 한 번 보내면 나이도 한 살 더 먹게 된다. 따라서 설은 나이를 헤아리는 단위로 정착했다. '설'에 대한 최초의 기록은 7세기에 중국의 역사서에 나온다. 왕권국가에서는 왕이 이날 연회를 베풀고 왕과 관원이 모여 일월신日月神에게 배례한다는 기록으로 보아 '설날'에 대한 의례와 관습이 분명하게 있었던 것으로 보인다. 『삼국지』. 『위지』「동이전」을 보면 3세기로 추정되기도 한다. 이는 당시 부족국가들이 역법체제를 사용한 것을 전제로 한 추정이다. 하나의 세시풍속인 '설날'은 대체로 소망을 기원하는 의례적인 성격을 많이 지니고 있다.

–「민족의 대이동…즐거운 '설' 맞자」에서

설날의 다른 여러 명칭과 역사적 배경과 그 연원이 예의 다양한 관계 자료와 함께 기술되고 있다. 세시풍속은 농업을 중심축으로 행해졌다. 일종의 농경의례인 것이다. 그러나 이런 풍농의 기원은 후대에 이르러 어업과 관련되어 풍어제를 지내는 등 다른 생업과도 밀착한다. 그러나 풍산豐産에 대한 기원은 어떤 생업과 관련해서도 다를 바 없다. 작가는 이런 설날이 현재 우리 사회에서 어떤 형태의 의식으로 남아 있는지 여러 가지 예를 들며 설명한다. 차례, 성묘, 떡국 먹기, 복조리 풍습, 널뛰기, 윷놀이 등을 거명하며 이런 세시풍속이 세월이 흐를수록 사라져가는 것을 안타까워한다. 작가가 소개하고 있는 또 하나의 좋은 자료인 설에 대한 역사적 흐름을 보자.

전통 명절은 '구정'이라는 말보다 '설날'로 불러야 마땅할 것 같다. 우리나라 현실정으로 보아도 '신정'을 당초 3일 연휴로 하던 것을 1999년부터 1월 1일 하루만으로 줄이고 대신 세칭 구정에 3일간의 연휴를 주어 제대로 '설날'을 시행하고 있는 것이다.

우리나라에 태양력이 수용된 것은 1896년 1월 1일(음력 1895년 11월 17일 고종 32년)이지만 우리의 전통 명절인 '설날'은 여전히 음력 1월 초하루로 이어져 왔다. 여기까지 오는 과정에 일제강점기에는 우리나라 '전통문화 말살정책'의 일환으로 '설날'은 수난을 겪기도 했다.

–「민족의 대이동…즐거운 '설'맞자」에서

위의 글에서도 작가의 예의 정확한 데이터 자료 인용은 평가할 만하다. 특히 일제강점기에 그들의 명절인 천장절이나 명치절을 국경일로 정하고 한국인을 강제로 참여시킴으로써 우리의 전통명절인 설날의 의미를 퇴색시킨 수난의 역사는 가슴을 뭉클하게 한다. 작가는 설날은 한 해의 첫날이라는 점에서 중요할 뿐 아니라 친족의 화합과 아름다운 사회건설을 위해서라도 꼭 존속되어야 할 명절로 간주하고 있다.

3

앞에서 김철규가 쓰는 산문은 결론적으로 객관적 사회현상을 보편적 논리로 관찰하고 비판을 가하는 칼럼에 해당된다고 말한 바 있다.

그렇다고 그가 꼭 칼럼만을 쓰는 것은 아니다. 그의 글은 나름대로의 다양성이 있다. 문장 형태론적으로 그 구체적 유형을 살펴본다면 그의 글은 칼럼, 감상문, 서정문, 기행문 더 나아가 시문까지 나아간다. 감상문이 주로 자기의 생각을 밝힌 글이라면 서정문은 자기의 정서를 그려내는 글이다. 기행문은 여행을 통해 보고 듣고 느낀 점을 기술한다는 데 그 특징을 갖는다. 김철규의 다양한 글은 구성상 복수의 요소들이 모여 하나의 글을 이루는 경우가 많다. 물론 눈에 띄는 특징은 역시 칼럼이지만 「망해사에서」나 봉정암을 산행하는 과정을 쓴 「깔딱고개의 쓴맛」이나, 내소사를 보고 쓴 「천년 고목」같은 글은 기행문이다. 「가능성에 도전하자…패트릭 헨리의 인생철학을 느끼며」같은 글은 감상문이 될 것이고 「아내의 사랑」과 같은 글은 서정문이 될 것이다. 「환상의 어머니」, 「궤적의 혼」, 「바람 같은 사랑」과 같은 글은 문장 형태론적으로 분명히 행과 연이 있는 시문이다.

물론 책의 표제인 『바람 속의 역사』는 바람이 주는 서정성으로 우리의 정서에 친근하게 다가든다. 또 많은 다른 글의 제목들도 인간의 정서에 호소하는 서정적 언어로 구성되어 있다. 「하늘에 수놓은 백구」, 「천년 고목」, 「낙엽이 주는 심상」, 「해당화가 그립습니다」와 같은 글 제목은 얼마나 서정적인가. 그럼에도 어느 글에서나 사회현상을 정확하게 바라보는 작가의 날카로운 시선이 거두어지는 법이 없다. 「하늘에 수놓은 백구」를 보자.

> 맑고 푸른 하늘에 백구가 휘날렸다. 백구가 잔치를 벌인 것이다. 지난 21일은 우리나라의 전형적인 봄 날씨를 보이면서 하늘에는 구름 한 점 없었다. 상춘객들이 산과 들에서 봄을 만끽하기에 조금도 손색이 없는 하루였다.
>
> –「하늘에 수놓은 백구」에서

글의 도입부로 참으로 좋은 봄날의 날씨를 묘사하고 있다. 여기서 '백구'는 갈매기가 아니다. '백구의 향연'할 때의 '백구'로 이 글에서는 하얀 골프공을 말하는 것이다. 이렇게 날씨도 좋은 날 골프대회가 열렸다. 서해의 시원한 바람을 맞으며 드넓은 잔디밭에서 마음껏 드라이브를 휘두르는 골퍼들의 모습은 생각만 해도 시원하다.

그러나 작가 특유의 취재정신은 이 글에서도 즉각 발휘되기 시작한다. 그는 이 대회의 주최자, 대회의 횟수, 명칭, 장소의 이름을 바로 기재하기 시작한다. 대회가 시작된 시간은 물론 시타始打한 사람이 누구인지도 빠뜨리지 않는다. 심지어 이날 발군의 실력을 보인 선수들의 명단과 그들의 타수도 정확히 기재하고 있다.

이런 예는 다른 글에서도 얼마든지 산견된다. 작가는 '언제, 어디서, 누가, 무엇을, 어떻게'라는 원칙을 대개의 모든 글에서 고수하고 있다.

나는 이런 김철규의 글은 아무래도 '미적(aesthetic)구조'보다는 '인식(cognitive)구조'로 읽어야 한다는 견해를 다른 글에서 밝힌 바 있다. 주지하는 것처럼 수필의 영역은 광대하고 그 제재 또한 다양하다. 따라서 수필의 종류와 유형은 학자에 따라 다양하게 구분되어진다. 크게 두 가지 일반적 통념으로 나누어 본다면 '주관적인 개인적 수필'과 '객관적인 사회적 수필'로 구분할 수 있을 것이다. 전자는 사색, 신변, 서간, 기행 등 비교적 가벼운 제재에 정서적이고 서정적으로 표현된 글이 될 것이고 후자는 객관적 사회현상을 보편적 논리로 관찰하고 비판을 가하는 글이 될 것이다. 당연히 김철규의 글은 후자다.

칼럼은 물론 논문, 사설, 평론 같은 중수필(重隨筆 formal essay)이 아니다. 칼럼은 세상의 여러 문제들, 즉 정치, 경제, 사회, 문화 등의 제반 문제를 날카로운 필치로 파헤치면서 동시에 바람직한 인생관을 공명시키는 글이다. 다시 말하자면 당대의 객관적 사회현상을 주관적이고 비판적 안목으로 지적하고 또한 극히 보편타당성 있는 식견으로 우리가 가야 할 지향점을 제시함으로 독자의 공감을 얻어야 하는 글이다.

감상은 사물이나 어떤 대상을 객관적으로 상대해서 얻어진 '마음의 그림'이다. 바로 그 생각을 그려낼 때 심미적 효과의 극대화를 추구함은 당연하다. 더구나 서정은 인간의 정에 호소한다. 기쁨, 슬픔, 사랑, 미움 등 인간의 복잡한 감정을 직서直敍로, 영탄으로, 내밀한 묘사로 표현하여 독자를 정적으로 움직이게 하려 한다. 그러기 위해서 심미적 장치의 견인은 필수적이다. 그러나 칼럼은 다르다. 자신의 지향점을 독자에게 이지적으로 설득시키고 논리적으로 공명시켜야 한다. 따라서 김철규의 글은 '미적구조'보다는 '인식구조'로 읽어내야 하는 것이다.

4

이러한 정확성을 기하는 특유의 언어사용은 다른 글에서도 확연히 나타난다. 개인적으로 이번 책에서 가장 감명 깊었던 글은 「가능성에 도전하자…패트릭 헨리의 인생철학을 느끼며」라는 글이었는데 걷지도 못하고 보지도 못하는 패트릭 헨리라는 사람의 무한도전 정신을 들려주고 있다. 이 사람은 심각한 장애에도 불구하고 피아노를 치고 트럼펫을 부는 연주자가 되어 지금은 루이빌 대학의 마칭 밴드

단원으로 활약하고 있다. 그는 미국의 유명한 티브이 프로그램인 '오프라 윈프리 쇼'에 출연하여 '아름다운 인생'을 사는 산증인으로 극찬을 받았다. 그의 연주 모습이 담긴 동영상은 유튜브에서 이백만 이상의 조회 수를 기록했고 이후 수많은 미디어에서 그의 기적 같은 삶이 방영되어 인간의 무한한 가능성과 잠재력을 다루었다.

이중 삼중의 장애를 가진 신체적 조건으로도 자신의 삶에 대해 원망하거나 포기하지 않고 오히려 그 악조건을 이겨내고 당당한 인생을 개척한 그의 삶을 보며 누구든 감동을 받을 것이다. 수많은 다른 장애인들에게도 위안과 용기를 줄 것이다.

작가는 예의 정확성을 기하는 글쓰기의 전형을 이곳에서도 보여준다. 패트릭 헨리는 '1988년 관절장애, 척추장애, 무안구증'이란 장애인으로 태어났다. '생후 9개월'부터 피아노를 치기 시작했다. 스포츠 선수가 아닌 일반인으로는 최초로 '세계스포츠 정신상'을 수상했다. 그해는 '2006년'이다. '오프라 윈프리 쇼'에 출연한 날짜는 '2007년 1월'이다. 그의 모습을 방영한 미디어는 'ABC뉴스, ESPN, 투데이 쇼' 등이다. 그의 키는 '120cm'다.

위에서만도 우리는 패트릭 헨리에 대한 많은 정보를 얻게 된다. 앞에서 이 글은 감상문에 해당된다고 말한 바 있다. 그러니 작가가 정치·경제에 대한 칼럼을 쓸 때는 그 정확성은 더 말할 것이 있겠는가.

산문집 1부의 몇 작품만 일별해 보았지만 우리는 김철규의 글쓰기가 얼마나 대상과 사물을 객관적이고 정확한 눈으로 관찰하고 사실적으로 설명하고 있는지 알 수 있다. 그의 문체를 간추려 본다면 많은 내용을 압축시켜 함축성 있게 나타내는 간결체이자, 기세가 강직한 강건체이고, 다양한 수식보다는 직접적 의사전달에 치중하는 건조체에 가깝다 할 수 있다. 그는 지역 언론의 기자로 종사했고 이후 도의 입법기관에서 수장까지 지냈다. 바로 이런 그의 특별한 이력이 작가의 문체에 결정적인 역할을 한 것은 자명하다. 사실의 정확한 보도는 언론인의 생명 같은 사명이다. 작가는 기자로서 수많은 기사를 썼고 바로 이런 경험이 사물을 사실적·객관적으로 관찰하고 설명하는, 또 이를 위해 가장 효과적 문체인 간결, 강건, 건조체의 스타일을 채택하게 된 것이다.

작가의 많은 글이 정치·사회와 직간접적 관련을 갖고 있음도 또한 그의 이력과 무관하지 않다. 그는 작품의 중반부 이후 본격적으로 사회현실에 대한 날카로운 비판정신과 함께 정치적 의도가 강하게 시사되는 글들을 쓰고 있다.

필자는 문학평론가지 정치·사회 평론가가 아니다. 그의 정치적 견해에 대해 따따부따 따질 수도 없고 그럴 자격도 없는 사람이다. 따라서 그런 전문 분야에 대한 언급은 삼간다. 그러나 앞에서 언급한 것처럼 김철규의 글은 사회현실과 관계가 깊다. 문학은 어차피 사회의 의사소통 수단인 언어를 사용하는 것이며 작가 자신도 사회의 일원으로 산다. 문학이 즐겨 다루는 인생도 결국은 우리가 삶을 영위하는 사회생활이다. 김철규는 늘 사회현실을 직시한다. 문제점을 파악하고 그것의 모순과 부조리를 따져 바른 지향점을 제시하는 일은 결국 작가의 능력에 해당된다. 이 능력이 계속되어 앞으로도 힘찬 글로 독자를 공명시키기를 바란다.

바람 속의 역사

인쇄 2014년 5월 12일
발행 2014년 5월 15일

지은이 김철규
발행인 서정환
펴낸곳 신아출판사
주소 서울시 종로구 삼일대로 32길 36(익선동 30-6 운현신화타워 빌딩) 301호
전화 (02) 3675-5633, (063) 275-4000 · 0484
팩스 (063) 274-3131
이메일 sina321@hanmail.net
출판등록 제465-1984-000004호
인쇄 · 제본 신아출판사

ISBN 979-11-5605-080-3 03810
값 12,000원

이 도서의 국립중앙도서관 출판시도서목록(CIP)은 서지정보유통지원시스템 홈페이지(http://seoji.nl.go.kr)와 국가자료공동목록시스템(http://www.nl.go.kr/kolisnet)에서 이용하실 수 있습니다.(CIP제어번호: CIP2014015344)

Printed in KOREA

※이 책의 제작비 일부는 전라북도문예진흥기금의 지원을 받았습니다.